人を自在に動かす
武器としての「韓非子」

鈴木博毅
SUZUKI HIROKI

プレジデント社

はじめに

「どうすれば、人を動かせるか？」

これはビジネスをするすべての人の、共通の悩みでしょう。
人を動かすことの重要性はわかっても、なかなか思い通りにはいきません。
この「人を動かす方法」を極めた青年が、かつて古代中国を統一しました。
それが始皇帝《しこうてい》（秦王《しんおう》の嬴政《えいせい》）であり、彼が参考にした書物が『韓非子《かんぴし》』なのです。

たけり狂うほどのエネルギーで、勝利に向けて疾走した秦《しん》軍団

『韓非子』の著者である韓非《かんぴ》が弟子入りした荀子《じゅんし》は、その時代に見た秦の強さを次のように書き残しました。

「秦の国では、人民の生活を養うことは刻薄であるが、使役するには冷酷苛烈。権勢でおどし、生活を切りつめさせ、褒賞で手なづけ、刑罰でとりしまる。こうして下々《しもじも》の民がお上から利益を得ようとすれば、戦闘による以外にないようにしむけている。…だから、秦が四代にわたって連勝をつづけているのは偶然ではなく、必然なのだ」

（『秦の始皇帝』）

同じ時代を描いた『キングダム』（原泰久著／集英社「週刊ヤングジャンプ」連載中）という漫画があります。

この人気漫画の壮絶な戦闘シーンの描写は、その時代を生きた荀子の言葉と一致します。獰猛《どうもう》なほどの荒々しいエネルギーで、勝利に向けて爆走する秦軍の団結力。のちに始皇帝となる青年・嬴政の、人心掌握術と人を動かす力こそが、彼の偉業の原動力だったのです。

「この著者と会えるなら、死んでも悔いはない」と始皇帝は言った

紀元前２２１年に史上初めて中国を統一した始皇帝。

彼がほれ込んだのが韓非の書いた『韓非子』です。

中国を統一した最強帝国で広く採用された法と術。

効果が絶大なのは言うまでもありません。

同時に、その鋭さのため、『韓非子』の扱いには知識と経験が必要とされるのです。

本書は、現代ビジネスで使える〝実践版〟の『韓非子』として書き上げました。

要所で現代経営学の書籍からも、韓非の視点につながる引用をしています。２０００年前の天才の洞察を、現代の言葉で補足するためです。

膨大な分量の『韓非子』を、現代ビジネスパーソンのために「リーダー論」「イノベーション論」を中心として再構成した書籍です。

「理想の巨大帝国」というビジョンを始皇帝に示した

効果的な軍事強国のシステムをすでに持っていた秦で、若き王だった嬴政が、なぜ韓非の著作にほれ込んだのか。書籍『秦の始皇帝』の著者である籾山明《もみやまあきら》氏は、巨大帝国の新しいビジョンが『韓非子』にあったからだとしています。

現代の私たちには実感できませんが、百家争鳴《ひゃっかそうめい》、戦国にさまざまな思想が入り乱れてその優位を競う時代を超えた先の騒乱と秦による天下統一でした。

韓非は、著作で儒家《じゅか》と墨家《ぼくか》などの主張を分析、批判しています。各派の論理を咀嚼《そしゃく》、論破した上で、これらを統合する形で理想の統治を考察したことが、『韓非子』に当時最先端の「国家像」を描き出すことに成功させたのではないでしょうか。

最先端の理想の会社とは、どんな姿をしているか？

現代でも、「最先端のコンセプトを基にした理想の企業」の姿は重要です。ジェームズ・C・コリンズの世界的ベストセラー『ビジョナリー・カンパニー』では、最優秀企業は、製品よりもまず「企業そのものが究極の作品である」と考えると指摘します。企業こそが優れた製品を生み出し続ける根源だからです。製品が主体ではなく、「企業」という集団がどんな存在となれるかがカギなのです。

韓非は、「国家そのものが究極の作品である」と考えていたのでしょう。その国家像は、当時の多数の学派の弱点や矛盾を打破して、法と術による明快な論理で組み立てられていました。

現代ビジネスパーソンにとって、「企業、チームそのものが究極の作品である」という視点は、21世紀の現時点で、多くの過去の優良企業の姿を理解した上でなされるべき考察です。

企業の新しい姿を構成したリーダーこそが、次の時代の覇者となるからです。

熱狂するチームは、技術で創ることができる

秦の中国統一では、忘れてはならない点が一つあります。
それは、孝公《こうこう》の時代に掲げられた「優秀な人材を広く登用する布告（求賢令）」です。
剣と盾に例えるなら、完全実力主義の人材登用が剣。
法と術で臣下を完全掌握することが盾となっていたのです。
『キングダム』の主人公・信《しん》も、一兵卒から最有力の武将へと成長していきます。
戦で功績を立てた者のみが出世する、荒々しいエネルギーの塊である秦の軍隊。
溢れるエネルギーと、有能の士を謀反させず完全統治する『韓非子』の論理。
2つが補い合い、相乗効果を発揮して、新時代を創る最強帝国が完成したのです。

混沌の現代日本におけるリーダーと『韓非子』

『韓非子』は人間の本質的な要素を抉《えぐ》り出した書物です。

人がなぜ動くのか、君主と臣下の利益はなぜ相反するのか。

誰もが利害で動き、賢明な君主でなければ、その権力と富は奪われていく。

人として優れていることと、支配者となることは必ずしも一致しない。

組織が人を集めるには利益が必要であり、そのためには正しい目標が不可欠である。

革新は常に訪れて、過去ばかりを礼賛している集団は衰退してしまう。


なぜ厳しさ、冷徹さがリーダーに必要不可欠なのか。

愛情があるからこその、冷たさが重要であるという真実。


2000年を経過した韓非子の叡知《えいち》は、リーダーのぶれない力となります。

地位を得れば、人に囲まれ、人を動かさなければなりません。

そのような立場に常にあるリーダーに、『韓非子』は心強い存在となるでしょう。

始皇帝さえも成し遂げられなかった成功さえ、『韓非子』の叡智は可能にしてくれるのです。

人を動かす人のための、組織革新書としての『韓非子』

『韓非子』を組織論として読む場合、最初の目標はイノベーションです。

韓非の思想の源流の一人と言える、商鞅《しょうおう》は次のように言いました。


「およそ智者は新しい制度をつくるのにたいし、愚者は古い制度にかかずらいます。また賢者は古い礼俗をあらためるのにたいし、賢ならざる者は、それに拘束されます」

（『秦の始皇帝』）


古い慣習に染まり、変化に抵抗する側と、未来を求めて革新を熱愛する側。

紀元前3世紀から21世紀の現代まで変わらぬ、人と組織、社会の真実です。

『韓非子』は、未来を求める強いリーダーのための指南書です。

人を動かし、イノベーションを巻き起こすため、本書を読んでさらに先に進んでいただきたいと思います。

第1章 人が動くには法則がある

第2章 爆発的なエネルギーを生み出す韓非流「活人術」

第3章 人を自在に動かすリーダーになる方法

第4章 転落するリーダーの5つの特徴

第5章 部下のやる気を潰す上司、やる気を3倍に高める上司の違い

第6章 集団にパワーを生み出すイノベーションの正体

第7章 『韓非子』が指摘した、繁栄が続く6つの真理

第1章
人が動くには法則がある

01

人が動きたくなるチームの正体

人は見返りがある行動のみを続ける

『韓非子《かんぴし》』は、2000年以上にわたり読み継がれている統治術の書です。著者である韓非《かんぴ》が指摘した、人が動きたくなるチームの基本は何か。

それは、「正しい行為にきちんと見返りを与える」リーダーがいることです。

「善行があればそれを生育すること春の恵みのようであり、悪事があればそれを死滅させること秋の厳しさのようである。そこで、民衆は喜んで努力をきわめ、楽しんで真心をつくすようになる」

（『韓非子　第二冊』「守道《しゅどう》」）

正しい行いをすれば必ず褒美がもらえ、間違ったことは絶対に罰せられる。
韓非は、「これを正確に実行する組織では、人がきちんと動く」と指摘します。

「力で仕える者も法度の範囲で努力をきわめて、任鄙《にんひ》のような勇者になろうと努めることになり、戦闘の武士も進んで命を投げ出して、孟賁《もうほん》や夏育《かいく》のような勇士になりたいと望むことになり、国の政治を守る者がみな金石のような堅固な心を持って、伍子胥《ごししょ》のような忠節のために命をかけるということになる」

（『韓非子　第二冊』「守道」）

まさに、あらゆるリーダーが求めているチームの姿ではないでしょうか。
メンバーの誰もが固い決意を持って、自分の仕事に限界まで力を尽くす。
仕事に熱狂するチームの基本。
それは賞罰を明確にして実行するリーダーの存在なのです。

『韓非子』ならどうする? 01

正しい行動、正しい成果を定めて、必ず見返りを与えること

熱狂する社員をつくる、3つの要素

著名な米ウォートン・スクールの調査から書かれた書籍『熱狂する社員』。
同書では、企業競争力を決定する、モチベーションの3つの要素を指摘しています。

「人が仕事をするうえでの三つのゴールを、我々はここに宣言する。それは、公平感、達成感、連帯感だ」

(『熱狂する社員』)

【モチベーションの3つの要素】

①公平感
②達成感

③連帯感

同書では、やる気に溢れた社員のコメントを載せています。

「我々は一つのチームなんだ。仲間の意見には真剣に耳を傾ける。こういう職場は初めてだ。誰とコネがあるかとか経歴ではなく、今何を知っているかが重要だ。思ったことはなんでもそのまま発言できるし、誰も公然と非難することもない。問題が起これば、腕まくりして解決に当たるだけだ」（『熱狂する社員』）

3要素の最初が、「公平感」であることは注目に値します。『韓非子』でも、賞罰の公平感は最も重要視されているからです。

「君主の側近と交際のある者は裏口から頼みこんで権勢を強めることになる。功労のある臣下もその功績を認めてもらえず、官職の移動はでたらめ。（中略）その結果は、すぐれた人材もがっくり気がぬけて仕事に励まなくなり、功労のある者も怠けてその任務をなおざりにする。これこそ亡国のありさまである」

（『韓非子　第一冊』「十過《じっか》」）

人として公平に扱われている感覚。賞罰が公平に運営されていること。これらがきちんと実行されているチームは、全員のやる気を当然のように高めるのです。

『韓非子』ならどうする？ 02

モチベーションの基本となる、公平感を意識して作り上げる

公平感がないと、やる気は急速に失われる

韓非は、「もともと君臣のあいだで利害は対立している」としています。

「君臣の関係は打算によるものである。わが身を損《そこ》なってまでして国の利益をはかることは、臣下は行なわない。また国を害してまで臣下の利益をはかることは、君主は行なわない」

（『韓非子　第一冊』「飾邪《しょくじゃ》」）

本来は、利害は対立しています。
しかし、その対立を大きく和らげてくれるのが「公平感」なのです。

「あの困難な局面で、死を覚悟して、知恵をしぼり力をつくして奮闘するなどというのは、法のきまりがあってこそそうするのである」

（『韓非子　第一冊』「飾邪」）

法の決まり、つまり賞罰が明確で人によって左右されないこと。
自分以外の、ほかの者も同じ扱いを受けており、賞罰が公平に下されること。
この感覚が、その集団で働くことに非常に大きな納得感を生み出すのです。

一方で、表向きは法律禁令を定めながら、裏ではそれを守らずえこひいきが蔓延《まんえん》すれば、「民衆は努力を傾けて主君に仕える気を失う」と韓非は指摘します。
これは、公平感の重要性を理解しない、愚かなリーダーが招いた状況なのです。

『韓非子』ならどうする？ 03

公平感がない国は滅びる、公平感のない職場はやる気が消える

公平感は、リーダーの立場を安定させる

韓非は、『韓非子』の「安危編《あんきへん》」でリーダーの立場を安定させる道、逆に危うくする道を説いています。

【リーダーの立場を安定させる7つの方策】

①賞罰は必ずことの是非によって行うこと
②禍福は必ずことの善悪にしたがって下すこと
③殺すも生かすも必ず法のきまり通り行うこと

④優秀か否かの判断をしても、愛憎で差別はしないこと
⑤愚か者、知恵者の判別はするが、誹《そし》ったり褒めたりしないこと
⑥客観的な規準で考え、勝手な推量をしないこと
⑦信義が行われて、騙しあいのないこと

【リーダーの立場を危うくする6つの方策】

①規則があるのに勝手な裁量をすること
②法規をはみ出してその外で勝手な裁断を下すこと
③人が受けた損害を自分の利益とすること
④人が受けた禍《わざわ》いを自分の楽しみとすること
⑤人が安楽にしているのをおびやかして危うくすること
⑥愛すべき者に親しまず、憎むべき者を遠ざけないこと

「安」と「危」の2つの道の差を見ると、人から恨みを買うか否かという点に気づきます。

部下の恨みを買う大きな理由は、上司に公平感がないことなのです。

人の恨みが蓄積していくと、どこかでリーダーの立場を危うくしかねません。

見返りは公平感と密接な関係があることもわかります。

ある人がとった行動や成果と、ほかの人の行動・成果で報われ方が違うとき。

同じ過ちや違反をしながら、違う処罰が下されたとき。

人はそのような場所、そのようなリーダーの下で頑張る気を一気に失います。

「こんな人の下でやっていられない！」と感じるのです。

所属する多くの者が「真面目にやるのがバカらしい」と思えば、成果も消えていきます。

チームの当たり前の公平感を守ることが、人のやる気を高める一番の基本なのです。

『韓非子』ならどうする？ 04

優れたリーダーは、人のやる気を高める、公平感を最重視する

02

人が動くチームでは、機会が平等に与えられる

人が動くチームでは、出した結果で人事が決まる

韓非は、『韓非子』の「顕学編《けんがく》」で孔子《こうし》が人の登用で失敗した例を挙げています。孔子は立派な容貌、巧みな弁舌で人を取り上げたのです。しかし、その2人は、容貌ほど、弁舌ほど仕事ができませんでした。

「馬の口をあけて歯を調べ、姿形を見ただけでは、名人の伯楽《はくらく》でも馬の善し悪しを確実に判定することはできない。ところが、実際に車を与えて馬をつなぎ、走った結果を見たとなれば、無知な奴隷でさえ馬の善し悪しを見分けるのに迷うこ

とはない」

（『韓非子　第四冊』「顕学」）

韓非は、皮肉交じりに「馬の歯を調べてもよく走るかどうかはわからない」と指摘します。

「賢明な君主の官吏は、たとえば宰相は必ず地方の役人から身を起こし、勇将は必ず一介の兵卒から出てくるものである。そもそも、功績のある者には必ず賞を与えていけば、爵位・俸禄が厚くなるにつれてますます精励になり、官位をあらためて昇給を重ねていけば、官職が大きくなるにつれてますます治績があがる」

（『韓非子　第四冊』「顕学」）

理由は、出した実績でその人を評価し、出した成果で昇進・人事が決まるからです。
公平感のある職場では、人に（実力を示す）機会が平等に与えられているのです。
孔子が、行政官としての仕事を、「容貌や弁舌」で任せた行為。
現代なら、学歴や人望、評判で仕事を任せるようなものでしょうか。

それらはいずれも、実際の職務の成果とは関係ありません。
さらに、容貌や弁舌で優れなくとも、仕事ができる者の不公平感を高めているのです。

『韓非子』ならどうする？05

出した結果で人事を決めるため、機会は平等に与えること

役割や肩書は、褒美ではなくテストである

お金や地位で、かえって転落する人がいます。
お金を通して、その人の愚かさが表面に出てしまうからです。
地位を通して、その人の傲慢さや無計画さが出てしまうからです。

「たとえてみれば剣や戟《ほこ》のようなものである。愚か者は怒りにまかせてそれをふりまわして災いをひき起こすが、聖人はそれで乱暴者を誅罰《ちゅうばつ》して幸いが成就する」

（『韓非子　第二冊』「解老《かいろう》」）

道具を盲信すると、道具に振り回されてマイナス面を考慮しなくなります。するとお金をたくさん手にしたことで人生に破滅するようなことが起こるのです。お金も地位も、得た者の賢愚《けんぐ》を世界にさらけ出しているにすぎません。

「官職というのは有能な士人にとっての鼎《かなえ》や肉皿である。官職を与えて実際の仕事をやらせてみれば、愚か者と知恵者とがはっきりする」

（『韓非子　第四冊』「六反《りくはん》」）

「その意見を聞いてそれが実情にあっているかどうかを調べ、その本人に仕事をやらせて功績があがるかどうかを追求すれば、無策の者や愚か者はゆきづまってしまう」

（『韓非子　第四冊』「六反」）

韓非の考え方を基にするなら、予算も肩書も評価の結果ではあり得ません。リーダーの肩書を与えるのは、評価ではなく、資質のテストと考えるべきなのです。大きな予算や肩書を与えると、その人の賢愚が自然に外に出てくるからです。最終評価は、大きなお金の扱いや役割を、その人がどう活用できたかで決めるのです。

『韓非子』ならどうする？ 06

熱狂を引き出す組織では、お金や地位は褒賞ではなくテストである

「まずやらせてみる」という姿勢がチームを動かす

君主の仕事の代表格は、人に仕事を任せることです。
韓非は、その重要事項をどう記述しているのでしょうか。

「人に仕事をまかせるというのは、国の存亡と治乱を決する分かれ目である。人にまかせるのに特別な術を持っていないと、だれにまかせてもみな失敗してしま

う」

（『韓非子　第四冊』「八説《はっせつ》」）

人に任せる術のレベルが、国の存亡を分けるとまで言っています。
任せるときのポイントとして、韓非は徹底した「事実主義」を主張しています。

【韓非子が「八説」で指摘した部下評価法】

①身分の低い者でも高い者を批判することができるようにする
②事実の判定には多くの情報を集めて検討する
③部下の意見を広く集めて、偏った聞き方をしない
④優れた実績を出した者の仕事を増やす
⑤愚か者には仕事を任せない

優秀な者に仕事を任せ、愚かな者から仕事を引き上げる。
するとその君主の支配下では、誰もが懸命に働かざるをえません。
実力と貢献、成果を見せないと、仕事を与えられないからです。
その際、周囲の雑音に惑わされず、事実を徹底して追求することがポイントです。

【人に仕事を任せるときは、徹底した事実主義で行う】

① 身分の低い者でも高い者を批判できる自由な場

② 事実の判定には多くの情報を集めて検討する

③ 部下の意見を広く集めて、偏った聞き方をしない

④ 優れた実績を出した者の仕事を増やす

⑤ 愚か者には仕事を任せない

この「事実主義」は、
権力を持つ側近などによって捻じ曲げられることが多く、
そうなると集団は活力を失う

↓

『韓非子』【六反】より

**その意見を聞いてそれが実情にあっているかどうか調べ、
その本人にやらせて功績があがるかどうかを追求すれば、
無策の者や愚か者はゆきづまってしまう**

欲望渦巻く組織の中で、失敗の責任を誰かになすりつけるなど日常茶飯事です。

だからこそ、事実を徹底追求することが、君主の重要な職務になるのです。

『韓非子』ならどうする？ 07

やらせてみて実力を測る、という姿勢が部下のやる気をアップさせる

「やってみなはれ」の社是で、世界第4位に選出されたサントリー

日本のサントリーホールディングスは、2019年1月に、米ビジネス誌『フォーチュン』が選ぶ「世界で最も賞賛される企業（The World's Most Admired Companies）」の第4位（飲料・酒類業界部門）となりました。

サントリーは、ウイスキーなどで有名ですが、社是の一つに「やってみなはれ」があります。

創業者の鳥井信治郎氏が残したこの言葉は、挑戦を続ける同社の重要な理念となっています。

同社は創業期の赤玉ポートワイン、国産ウイスキーの醸造などの挑戦のほかに、近年では米ビーム社など、世界の有名ブランドを買収し、世界企業としての躍進を続けています。「やってみなはれ」は、同社の絶えず挑戦する姿勢を生み出す原動力なのです。

スタンフォード大学の教授2名による共著『なぜ、わかっていても実行できないのか』では、組織の実行力を高めるための5つの対策を挙げています。

これらはすべて、体験と挑戦から学習するプロセスであるとも言えます。

【組織の実行力を高める、5つの対策】

①実践から学ぶ、行動から学ぶという基本姿勢を持つ
②現場にかかわってきた人を経営幹部に加える
③単純さを高く評価する社風を築く
④行動を促すような用語を使い、実行をフォローアップする仕組みを作る
⑤不実行の言い訳や批判を受けいれず、反対意見は解決すべき問題とする

実行と挑戦に素早い会社は、最速で体験から学ぶことができます。

競合他社が実行すべきか迷っているうちに、結果まで出してしまうのです。

『韓非子』ならどうする？ 08

誰もが挑戦できる、挑戦から学ぶ集団ほど、大きく成功する

03

人が動くチームには、ずるい裏口がない

人が動くチームでは、裏取引はできない

人が目標に向かって動くチームでは、公平感が保たれている。
そのような集団では、人が裏口を使って得をすることがありません。
人間の心理は、当たり前のことに自然に反応しているのです。

「民衆の当然の考えとしては、みな安全で利益になることには身を寄せ、危険で苦しいことは避けるものである」

（『韓非子　第四冊』「五蠹《ごと》」）

苦しくて報われないことを続ける者はいない。ラクで得することが多いことを止められる者もいない。裏口があってそこでずるができるなら、誰も真面目に働きません。

「自分の仕事は投げ棄てて、戦場の労役をひきうけ、家族は困窮していてもお上《かみ》ではかまってくれないとなれば、これは苦しいことである。苦しみと危険があることを、民衆はどうして避けないでおれようか」

（『韓非子　第四冊』「五蠹」）

だからこそ、優れたリーダーは不公平感がチームに蔓延《まんえん》するのを避けるのです。例外を近親者に許すなら、周囲はことごとくやる気を失うからです。

『韓非子』ならどうする？ 09

人を動かしたいのなら、成果を上げずに得する者を一切許さない

抜け道のほうが効果的なら、誰も真面目に仕事をしなくなる

ずるい者が得をすれば、誰も真面目に仕事をしなくなります。

「私的な悪事を行なって主君の目をごまかし、賄賂《わいろ》を贈って重臣にとりいる者が、その身は栄達して家も富み、親子ともに恩恵を受けることになれば、人々は、どうして安泰で有利な道を捨てて、危険で有害な道につこうとするであろうか」

（『韓非子　第一冊』「姦劫弑臣《かんきょうしいしん》」）

苦労しなくとも得できる、ずるい道が許されるなら。
苦しくて危険なことに直面する仕事など、誰もしないでしょう。

「功績もなしに賞を得る者が国内にいるとなると、人民は外では敵軍に対抗して首級をあげることに努めなくなり、国内では農耕に力をつくして励まなくなって

しまう。みな賄賂を使って富貴の人にとりいり、私的な善行を積んで評判をあげ、それによって高い官位と厚い俸禄を得ようとする」

（『韓非子　第一冊』「姦劫弑臣」）

私的な利益を得る裏口があるなら、苦しい役割からみな逃げます。ずるい方法が蔓延する集団では、誰も本当の危機に立ち向かうはずがないのです。

『韓非子』ならどうする？ 10

私的な利益をウラで与えなければ、人は真剣に成果を出す

リーダーが掲げた約束を、真剣に守ろうとしていない

リーダーが信賞必罰を掲げているのに、約束を真剣に守らなければ、集団に属する者はしらけます。

「経営者が偽善的だ。率直な意見を求められたので、批判的な考えを述べたら、不満分子だと思ったらしい。気に入らないのなら、よそへ行けという感じだった。とにかく意見を出せと言うから言ったまでなのに」

（『熱狂する社員』）

上司が言っていることと、やっていることが違うなら、部下は上が話すことを、真剣に受け止めなくなります。

「お客さんをいつもないがしろにしながら、顧客サービスを看板にしている会社。従業員に対し、いや顧客に対する敬意すら払っていないのに、従業員参加型経営に熱中する会社…いずれの場合も、冷静にものごとを判断できる社員なら、目標を達成できる日は、「ブタが空を飛ぶ」ようになる日と同じくらい遠いことを知っているだろう」

（『熱狂する社員』）

ブタが空を飛ぶ日は、永遠に来ないでしょう。

空約束しかしないリーダーの下では、部下が真剣に働く日も永遠に来ないのです。
人は、上の人間が何に真剣で何にいい加減かを見ています。
この基準を知ることが、従う者たちの生命線だからです。
空約束ばかりのリーダーからは、優秀な人は逃げていくことになるのです。

『韓非子』ならどうする？ 11

賞罰を掲げても真剣に守らないなら、さらに人のやる気は失われる

トップがルールを真剣に守ることが、人が動くチームの基礎

結果を出した者に必ず報いること。
ルールを破った者を必ず罰すること。
2つの約束に、リーダーがどれほど真剣であるかが人を動かすのです。

「それはちょうど千鈞《せんきん》もの重いものを背負って底知れぬ淵《ふち》に落ちこみながら、な

お生きのびようと願うようなもので、とても望めないことだ」

（『韓非子　第一冊』「姦劫弑臣」）

右記は、ルール違反を許さないリーダーの下、悪臣の心理を描写しています。

「それで私的な利益を得ようとするなら、それはちょうど高い丘の頂上に上って、そこから嶮《けわ》しい谷に転落しながら、なお生きのびようと願うようなもので、とても望めないことだ」

（『韓非子　第一冊』「姦劫弑臣」）

リーダーが掲げた約束にいい加減なら、部下もいい加減に捉えます。
あなたの「この程度はいいのでは」という感覚が、部下にも伝染するのです。
不正を許さなければ、不正は減り、成果に報いれば成果が増える。
このシンプルな規律は、リーダーが決意して保持することで初めて価値を持つのです。

『韓非子』ならどうする？ 12

信賞必罰、公平にその判断を下すほど、多くの人が動き始める

04

人が動くチームは、目指しているものが明確である

人を活かすには、リーダーが自分の感情をまず管理する

韓非は、「人は自分の感情に惑わされなければ、本来賢いものだ」としています。

「人は賢愚にかかわらず、何を行うべきか何を止《や》めるべきかはだれでもわかっている。こだわりなく平静であれば、だれにでも禍福の起こる原因はわかるものだ」

（『韓非子　第二冊』「解老」）

誰でも感情はあり、好き嫌いもあるでしょう。
しかし、優れたリーダーと、愚かな者の違いは明白です。
優れたリーダーは、感情を捨てて正しく物事を見極めるのです。

「自分の好き嫌いにとらわれ、心を乱すものに誘われて、そこではじめて乱れてしまう。そうなるわけは、外界の事物にひかれ、自分の愛好する物に心を乱されるからである」

（『韓非子　第二冊』「解老」）

「こだわりをなくしてこそ行なうべきことと止めるべきこととの規準がはっきりし、平静であってこそ禍福の道すじがよくわかる」

（『韓非子　第二冊』「解老」）

人を活かす第一のステップは、リーダーが自分の好みを捨てることにあります。

そうすることで初めて、部下や周囲の素の実力を測ることができるのです。
感情の統御ができるほど、人は真実が見えて、災いを防ぐことができるのです。

『韓非子』ならどうする？ 13

人が動くチームは、感情論ではなく、合理性で運用されている

人が動くチームでは、普通の人もヒーローになる

すごい部下や才能のある人がいなければ、成果は出せないか。
古代中国にも、名馬に達人御者という、2つの優れた組み合わせが重要と論じる者はたくさんいました。「しかし」と韓非は疑問を投げかけます。

「そもそも、良い馬をつけた堅固な車を、五十里ごとに一つずつ配置し、それを中程度のふつうの御者にまかせたなら、できるだけ速く、できるだけ遠くにゆくということも、達成できるわけである。そして、千里の距離も一日で突破できる

わけである」

（『韓非子　第四冊』「問弁《もんべん》」）

馬は、世間に有名をとどろかせるような名馬でなくとも構わない。
御者も、達人・名人の名前をほしいままにする者でなくとも構わない。
韓非が指摘しているのは、現代のシステム思考に相当します。
名馬がいて、達人級の御者が組み合わさることは極めて珍しい。
そのような幸運を期待せずとも、効果的な仕組みを創れば勝てるのです。

「いい社員がいれば業績も上がるのに」と考える時点で間違っているのです。
超弩《ど》級のビジネスチャンスでなくとも、儲けることができる企業。
「普通の人を集めても勝てる」、それが優れた組織と仕組みの特徴なのですから。

『韓非子』ならどうする？ 14

優れた組織と仕組みは、普通の人・平凡な人もヒーローにする

平凡な機会でも、世界的企業は生み出せる

2019年の世界時価総額ランキングでは、1位から5位までは米国企業が独占し、1位マイクロソフト、2位アップル、3位アマゾンドットコムとなっています。

これらはさすがに最先端の技術を持つ企業であると言えます。

しかし、9位のジョンソン&ジョンソン、13位のウォルマート、15位のネスレ、29位のコカ・コーラ、35位のホーム・デポなどは、扱う製品自体は一般的なものです。

彼らは製品が最先端の技術の塊ではないのに、組織・企業体のビジネス力によって、世界を覆うほどの巨大企業になったのでしょう（時価総額50位以内に、日本企業は1社のみ、スイスは3社ランクインしている）。

これらの企業群は、「ハイレベルな技術革新ができなければ、世界企業となれない」という発想を否定しているのです。

経営思想家のP・F・ドラッカーは、業績を上げるためには3つの能力が必要だとしています。

【業績をあげるための3つの能力】

①企業家的な計画を、特定の人間が責任を持つべき仕事に具体化する
②企業家的な計画を、日常の仕事に具体化する
③一人ひとりの人間の職務と組織の精神の中心に、業績を据える

「個人の責任・担当」「仕事の具体化」「業績への意識集中」の3つです。

逆に言えば、成果を上げないほとんどの企業は、これらとは別のことに時間を浪費しているのです。

日用品や食品を扱う企業が、世界時価総額ランキングで上位にある事実。

その地位は実はハイテク企業よりもはるかに揺るぎない場合さえあります。

問われるのは、私たちが本当に成果につながることに着手しているか否かなのです。

多くの企業、人は、数年前の成果に固執しています。

今日には無駄になった業務に、いまだ従事している可能性もあるでしょう。

ありふれた機会さえマネジメントの優秀さがあれば、大勝利にもできるのです。

『韓非子』ならどうする？ 15

優れたリーダーは、成果を生み出す機会・業務を見抜いている

問題の原因を罰して、成果の根本を評価する

リーダーは、問題を起こしているのが誰であるかを見抜く必要があります。

成果を上げているのが誰であるかも、同じように見抜く力が求められます。

「失敗は他人の責任、成果は自分の貢献だ」と、誰もが主張しがちだからです。

しかし、このような演技に上司が騙されていると、組織は次第に活力を失います。

> 「甲が罪をおかしたのに罰は乙の方にゆくというのでは、人々のあいだで内にこもった怨みが固まってくる」
> （『韓非子　第二冊』「用人《ようじん》」）

これはリーダー自身にも言えるかもしれません。

あなたが大勢の部下を持つなら、責任をなすりつける対象も、成果を奪う対象も、大勢いることになるからです。

日本では技術開発の成果が、誰の貢献によるかが問題になります。

発見や発明は、研究者が日々真剣に取り組んだ結果なのは当然です。
しかし、設備や研究に集中できる環境は、企業側が用意したものでもあります。

正しい賞与や昇格は、優れた研究者が居続ける条件にもなります。
そのため、企業側には成果に対する貢献の正しい評価が求められるのです。
優秀な成果を上げた人が出ていく企業は、評価システムが間違っています。
失敗や不祥事も同じで、原因となった者こそ罰せられる必要があります。
でなければ、周囲は必ずやる気を失い、組織やリーダーを見限り始めるからです。

『韓非子』ならどうする？16

賞罰を正確に下すリーダーを選び、組織をまとめさせること

リーダーは、目標をはっきりと、より明確にし続ける

部下が思った通りに動いてくれない。
このようなことは、古代中国でもたびたび見られたことでした。

対策の第一は、リーダーが目標を常に明確に掲げることです。
対策の第二は、リーダーが部下に目標を伝え続けることなのです。

「きまった標的を立てないで、でたらめに矢を放っておれば、たとい的中したとしても弓の巧者ではない」（『韓非子　第二冊』「用人」）

集団は、人が増えるほど「なんとなく」曖昧にしか目標を持たない者が増えるものです。企業組織になれば、その傾向は顕著になるでしょう。
そのような状態で、部下に目標を常に達成させるにはどうするか。
前述の書籍『熱狂する社員』では、達成感を与えるビジョン（目標）の3つのポイントを挙げています。

【ビジョンの3つのポイント】
①経営陣が自ら情熱を持つ

②明快かつ具体的に表現する
③実務に落とし込む

「あの部下は目標をいつも達成できない」と嘆く前に、リーダー自身が目標を伝え続ける努力をしているか。目標を、わかりやすい形で表現したか。

韓非は、目標設定の重要性を次のように語ります。

「賢明な君主の立てる標識は見やすい、だからお上の約束は下々《しもじも》でよく守られる。賢明な君主の教えはわかりやすい、だからお上の言ったことは下々でよく聞かれる。賢明な君主の法は行ないやすい、だからお上の命令は下々でよく行なわれる」

（『韓非子　第二冊』「用人」）

達成しやすい形に変換した上で、部下に課すことができているか。

目標達成の、半分の責任は担当する部下だと考えるとよいでしょう。

残りの半分は、目標を達成しやすいように、環境を整備する上司の責任なのです。

『韓非子』
なら
どうする？
17

上司の率先と目標の明確さ、2つのバランスが人を動かす

第2章

爆発的なエネルギーを生み出す
韓非流「活人術」

01

人が集まる3つの要素

人を集める力を与える3つの要素

韓非《かんぴ》は、リーダーが実現すべき最重要の3つの要素を挙げています。これら3つを実現できるリーダーは、人を集めることができるのです。

「聖人が政治の手段とするものは三つある。第一は利益、第二は威厳、第三は名目である。そもそも、利益とは民衆を集めるためのもの、威厳とは法令を行なうためのもの、名目とは上下の人々がともに従うべきものである」

（『韓非子　第四冊』「詭使《きし》」）

【韓非子の説くリーダーに必要な3つの要素】

①利益（お金）
②威厳（地位、権力、敬意）
③名目（掲げる目標）

利益を実現できなければ、部下は豊かな生活を享受できません。
威厳や人望がなければ、周囲が命令に従いません。
共感できる目標がなければ、人は魅力を感じないのです。

「この三つ以外のことは、いろいろあるとしても急務ではない」
（『韓非子　第四冊』「詭使」）

韓非は、「この3つ以外は後回しでよい」とさえ指摘します。
さまざまな要素が絡み合う現代ビジネスでは、優先順位が混乱しがちです。
そのようなとき、韓非の指摘は3つにリーダーを引き戻してくれるのです。

『韓非子』ならどうする？18

リーダーは、利益、威厳、魅力的な目標の3つを相手に与える

リーダーに最重要なのは、稼ぐ力、利益を出す力

韓非の時代から現代まで、「支配」はある種の利益でした。

国の徴税権は典型的な支配力の結果ですし、塩などの専売権もある種の権力です。

権力による独占は、支配者の利益の源泉になってきたのです。


しかし、独占は、権力者だけの利益ではありません。

史上最も金持ちだったと言われる米国の事業家ジョン・D・ロックフェラー。

彼は、19世紀の石油生産の開始と同時に、製油所と輸送施設を独占します。

この独占が、彼に膨大な富を与えたのです。

彼はアメリカ史上初の、トラスト（今日の連合・系列企業体）を構想しました。

多数の企業が存在するように見える市場で、実はどの企業を選んでも、彼の利益となる。

このような巨大ビジネスをロックフェラーは創り上げたのです。

現在では巨大企業のトラストと過剰な独占は法律で禁じられています。
しかし、法律に抵触しないビジネスモデルを起点とした独占は、今も健在です。
それはさまざまな企業の利益の源泉となっているのです。
業界内におけるリーダーシップ、ブランド、立地など。
アマゾンのような通販プラットフォームもある種の独占的な力を発揮しています。
これら「新たな独占的な要素」は、現代企業の利益の重要な源泉なのです。

韓非は、利益を「民衆を集めるためのもの」としています。
利益を集め、それを配分できる者に権力と支配力が授けられるのです。
逆に言えば、利益を生み出せない者は、人をまとめておく力がありません。
現代の君主たる社長は、すべからく利益を生む者であるべきなのです。

『韓非子』ならどうする？19

ニーズに対する何らかの独占的地位を創り、利益を生み出す

伝説の投資家が指摘する、「競争とは負け犬がすること」

起業家・投資家として世界的に著名なピーター・ティール。

彼は決済サービス「ペイパル」創業者であり、初期のフェイスブックに投資したことで、膨大な利益を得たことでも知られています。


彼は2014年に米スタンフォード大学で講演を行っています。

演題は「COMPETITION IS FOR LOSERS」（競争とは負け犬がすること）でした。

今日、世界的な企業として有名なフェイスブック、アップル、マイクロソフト、アマゾンは、いずれも産業のある部分を独占的に獲得していることが利益の源泉だとしたのです。


また、ティールはこの講演で「小さな市場を狙い独占せよ」と言っています。

小さな市場で独占的な立場を確立し、それから市場を拡大していくのです。

この「独占」という視点は、先のロックフェラーの成功にも共通します。


利益とは、激しい競争の結果ではなく、独占的なポジションの結果なのです。

また、『韓非子《かんぴし》』が対象とした「王」「君主」も独占的な存在です。大小に関係なく、国の王は絶対的な支配、独占的な権力を持つからです。「君主は利益で人を集める」と韓非は言いました。

現代ビジネスでは、競争を避けて独占的なポジションを獲得すること。このような行動こそが、集団を束ねる利益を得る道なのです。

『韓非子』ならどうする？20

競争ではなく、独占的な立場から利益は生まれる

雲に乗る

韓非は、道家《どうか》思想家・慎到《しんとう》の著書『慎子《しんし》』の言葉を紹介しています。

「空飛ぶ竜は雲に乗り、天に昇る蛇《へび》は霧に遊ぶが、雲が消えて霧が晴れてしまうと、竜も蛇も〈もう天には昇れず、〉みみずや蟻《あり》と同じになってしまう。それは、

拠りどころにしたものを失ったからである」

（『韓非子　第四冊』「難勢《なんせい》」）

「雲」「霧」は、何らかの勢いや権力、外部の社会的トレンドを意味します。一方の「竜」「蛇」は個人の資質、能力を意味しています。

韓非は、「雲」が重要なのか、「竜」が重要なのか、と尋ねます。

現代ビジネスに例えるなら、事業チャンスが重要か、リーダーの資質が重要かという問答だと考えられるでしょう。

経営思想家として著名な足跡を残したP・F・ドラッカー。

彼は『創造する経営者』で、企業外部の機会を利用する重要性を述べています。

【ドラッカーの企業の現実についての仮説】

①成果と資源は企業の内部にはない。いずれも外部にある

②成果は、問題の解決ではなく、機会の開拓によって得られる

③成果を上げるには、資源を問題にではなく、機会に投じなければならない

④成果は、有能さではなく、市場におけるリーダーシップによってもたらされる

ドラッカーは「企業の外側にある機会」に着目せよとしています。
韓非が、「雲がなければ竜も空へ昇れない」と述べたことに似ています。
外部にある機会を活用しなければ、竜もみみずや蟻と同じなのです。
現代ビジネスのリーダーにも、大変示唆的な寓話《ぐうわ》ではないでしょうか。

『韓非子』ならどうする？21

竜が雲で空に昇るように、外部の機会を上手くつかまえる

では、機会があればリーダーの資質は関係ないのか？

次に韓非は、ユーモアを持って逆の問いを私たちに示します。
では、「機会があれば」リーダーの資質は必要ないのか？　と。

「雲や霧の勢いがあって、そこでそれに乗って遊べるというのは、竜や蛇の才能がすぐれていればこそである。いま雲が盛んにわき起こっていても、みみずでは

それに乗ることはできず、霧が濃くたちこめていても、蟻ではその中で遊ぶことはできない」

（『韓非子　第四冊』「難勢」）


現代ビジネスを振り返っても、この指摘は当たっています。

ビジネス機会があっても、活用できるか否かで運命は分かれます。

ある機会が、すべての参加者に同じ恩恵をもたらさないのです。


先に紹介した、歴史上最大の富豪と言われたジョン・D・ロックフェラー。

彼の活躍した時代、石油が採掘された機会に賭けた事業家は星の数ほどいました。

しかし、製油工場の寡占化と、石油価格の変動によらない利益モデルが重要であることに気づき、俯瞰《ふかん》的に業界を育てたのは彼一人だったのです。


19世紀末、石油が採掘されると、一攫千金《いっかくせんきん》を夢見る者が殺到しました。

しかし、誰もが同じ事業を始めると、石油価格は暴落したのです。

ほとんどの事業者は、最初の数年儲けて、のちに破綻しました（一部の幸運な事業者は、ロックフェラーに設備を買収してもらった）。

空飛ぶ竜は雲に乗り、天に昇る蛇は霧に遊ぶが、
雲が消えて霧が晴れてしまうと、竜や蛇も天には昇れず、
みみずや蟻と同じになってしまう

『韓非子』【難勢】より

雲が盛んにわき起こっていても、
みみずではそれに乗ることはできず、
霧が濃くたちこめていても、
蟻ではその中で遊ぶことはできない

『韓非子』【難勢】より

ドラッカーは、業績をもたらす3つの領域として「製品」「市場」「流通チャネル」を挙げました。

ロックフェラーは、石油業界の「市場」と「流通チャネル」を独占したのです。この独占が、巨万の富を生みました（鉄道とパイプラインの独占は特に大きく寄与した）。

韓非は、機会とリーダーの資質を、次のように述べています。

「そもそも権勢というものは、国を治めるのにも役に立つが、国を乱すのにも便利なものである」

（『韓非子　第四冊』「難勢」）

「権勢が治乱に対する関係は、もともと流動的なものである」

（『韓非子　第四冊』「難勢」）

技能や資質がなければ、機会に手を出したことで、逆に全財産を失ってしまう。その機会について、真の利益を得る能力、活用の資質をリーダーが持っているか。同じ機会に飛び込んでも、君主の優劣が、勝者と敗者を生み出すのです。これは、雲や霧があっても、みみずや蟻では天に昇れない姿そのものなのです。

『韓非子』ならどうする？22

機会を利益にするため、それを活かせる資質を身につける

02

人を動かす組織は、「実行」を追求する

馬が太らない理由は、部下が実行していないから

仕事の実績が上がらないのはなぜか。
韓非は、組織の歪みを、皮肉を込めた故事で紹介しています。

「韓《かん》の宣王《せんおう》は言った、「わたしの馬は、豆や穀物をたくさん与えてあるのに、ひどくやせている。なぜだろう。わしは気がかりでならぬ」。臣下の周市《しゅうふつ》は答えてこう言った、「馬飼いの役人が全部の穀物を食べさせていたら、肥えないようにと願ってもできるものではありません」」

（『韓非子　第三冊』「外儲説《がいちょぜい》　左下」）

仕事をさぼっているか、馬の食料を誰かが横領している可能性が高いのでしょう。

臣下の周市は続けてこう言います。


「表向《おもてむ》きはたくさん与えたことになっていても、実際には少ないということなら、やせないようにと願ってもこれまたできるものではありません。殿にはその実情を調べることもされず、ただじっと心配されているだけでは、馬はやはり肥えませぬぞ」

（『韓非子　第三冊』「外儲説　左下」）


ここで、韓の宣王は2つの問題を抱えています。

1つは、自分の馬が肥えない問題をいままで放置していたこと。

2つ目は、部下が本当に命令を実行しているか、確認と追求を徹底していないことです。

「言葉だけで実行されていない」、この故事は皮肉な笑い話のように響きます。

大組織の「不実行」の問題は、2000年以上前から存在し続けているのです。

『韓非子』ならどうする？23

命令が部下に実行されていなければ、成果が上がるわけがない

企業経営の基本は、徹底した実行の追求である

米国で数々の一流企業のＣＥＯを務めたラリー・ボシディ（『経営は「実行」』の著者）。彼は実行力の欠如が、企業の成功を妨げる最大の障害だと指摘しています。

１９９０年代に世界最大のＰＣメーカーとなったコンパック社。同社は２００２年にヒューレット・パッカードに買収されましたが、元ＣＥＯのファイファーは大胆な改革計画を掲げており、計画の見事さから、業界を席巻すると当初は見られていました。

「いまでは、この戦略は儚《はかな》い夢だったように思える。買収企業を統合し、目標を実現できるだけの実行力が、コンパックにはなかった。もっと根本的な問題として、パソコンがありふれた製品になるなかで、ファイファーもその後任のマイケル・カプラスも、利益を生みだすのに必要な実行を追い求めなかったのだ」

（『経営は「実行」』）

韓非は、次のように述べています。

「君主が臣下の悪事を止めたいと思えば、臣下の実績と名目《めいもく》とをつきあわせてよく調べよ」

（『韓非子　第一冊』「二柄《にへい》」）

ボシディは、目標と結果のギャップに慢性的に苦しむ企業が多いとしています。
原因は、実行力の欠如なのです。
そして、リーダーの最大の仕事の一つは「実行させること」なのです。
組織の階層がいくつかできるだけで、すぐに目標と実行力はかい離を始めます。
部下は本当に、あなたに言われたことを完璧に実行しているのでしょうか？
君主の目指すところにたどり着けない最大の理由は何か？
韓非は、「実行を徹底追求する力があなたにないことだ」と見抜いていたのです。

『韓非子』ならどうする？24

目標と結果のギャップを縮めるため、実行力をとことん高めよ

問題を話し合っただけで、仕事をした気になるな

ビジネスで、実行と勘違いされているものに「会議」「高尚な論理」があります。議論を重ねても、高尚な論理を振りかざしても、実行がなければ結果は出ません。韓非は、この点も手厳しく指摘しています。

「今日、領内の民衆はみな政治を語り、軒なみ商鞅《しょうおう》や管仲《かんちゅう》の法令を所蔵しているが、しかも国家はますます貧しい。それは、農耕を語る者は多いが、実際に鋤《すき》を手にとって耕す者が少ないからである。領内の民衆はみな軍事を語り、軒なみ孫子《そんし》や呉子《ごし》の兵法を所蔵しているが、しかも軍隊はますます弱い。それは、戦術を語る者は多いが、実際に武装をして戦う者が少ないからである」

（『韓非子　第四冊』「五蠹《ごと》」）

議論しても、高尚な論理を収めた書物を持っても、実行がなければ無意味。「明君は部下の言葉ではなく行動を評価するのだ」と韓非は言います。

「賢明な君主は、民の労力は取りあげるが、その言論には従わない。民の実績は賞するが、その無用の行動は禁止する。そこで、民衆は全力を尽くしてお上に従うことになるのである」

（『韓非子　第四冊』「五蠹」）

先に紹介した書籍『なぜ、わかっていても実行できないのか』は、ＩＤＥＯプロダクト・ディベロップメントのＣＥＯであるデビッド・ケリーの言葉を紹介しています。

「言葉をもてあそぶだけではだめだ。この自覚から、初めて新しい経営に踏み出せる」

（『なぜ、わかっていても実行できないのか』）

ケリーは、役員たちが彼の話を聞くだけで満足してしまうことが多いと嘆きます。行動が伴わないことで、いくつもの斬新な提案が宙に消えていったのです。

会議や複雑な論理が、仕事の実行と置き換わった組織は滅亡してしまう。

韓非は、現代まで続いている、議論と実行の勘違いも厳しく指弾しているのです。

『韓非子』ならどうする？ 25

議論や素晴らしい計画も、実行の代わりは決して果たせない

実行力を高めていく、5つの対策

馬を太らせる計画を立て、えさの準備もしっかり行った。

しかし計画を基にした命令が、きちんと実行されなければ馬は肥えない。

君主、つまりリーダーであるあなたが認識すべきことは何か。

ずばり「目標と実行のずれ」なのです。


組織の実行力を高めるために、どうすべきか。

先にご紹介した書籍『なぜ、わかっていても実行できないのか』の、5つの対策を再掲します。

【組織の実行力を高める、5つの対策】

①実践から学ぶ、行動から学ぶという基本姿勢を持つ
②現場にかかわってきた人を経営幹部に加える
③単純さを高く評価する社風を築く
④行動を促すような用語を使い、実行をフォローアップする仕組みを作る
⑤不実行の言い訳や批判を受けいれず、反対意見は解決すべき問題とする

知識や計画、また組織とは、本来効果的な実行のために存在します。
しかし、いつの間にか立場が逆転してしまい、実行が疎《おろそ》かになっていく。
理由の一つは、「実行しなくても許される」職場環境なのです。

しかし、実行しなければ、当然成果も出るはずがありません。
実行を無視した組織行動は、目標倒れにつながるばかりです。
リーダーは、部下が実行を避けることを許すべきではありません。

組織全体で「実行を何より求め、追求している」姿勢を打ち出すことが重要なのです。

『韓非子』
なら
どうする?
26

君主は実行を要求し、目標と実行のずれを許さず、実行を追求する

03

人がプライドを持てる職場になる

プライドを持つと、人は粘り強くなれる

書籍『熱狂する社員』では、人が組織にプライドを持つことの重要さを挙げています。

【プライドの源となる3つの要素】

①生産性の高い仕事
②価値ある能力を活かす
③重要度の高い仕事をする

「生産性の高い仕事」とは、仕事の質を評価してもらえることです。

仕事の質をまったく評価しない職場では、人はやる気を失うのです。
「価値ある能力を活かす」とは、自分が持っているスキルを活かすことです。
自分の独自性やスキルを活かせない場合、人は失望感を持ちます。
「重要度の高い仕事をする」とは、自分の仕事の結果が人に喜ばれることです。
自分の行ったことが、誰の評価にもつながらないとき、人は行為の意義を失います。

「この会社では、自分のことをつまらない存在と感じることはない。全員が会社の成長に不可欠だと感じさせる。それがまるで魔法のように、社員の士気に表れる」

（『熱狂する社員』）

「臣下は自分の長所を発揮できて自分の能力を精一杯につくせるから忠誠なのである」

（『韓非子　第二冊』「功名《こうめい》」）

その仕事をしていることに、部下がプライドを持てるか。
あるいはプライドの持てる職場に、あなたがしているかどうか。
人が粘り強く取り組むのは、職場や仕事、自分にプライドを持つからなのです。

『韓非子』ならどうする？27

仕事に、自分にプライドを持てると、人は粘り強く戦う

特別な集団に所属していると感じる大切さ

時代を超えて卓越した存在であり続ける企業の正体とは？
この問いに答えたジェームズ・C・コリンズの著書『ビジョナリー・カンパニー』も、社員のプライドの大切さを挙げています。

「これほど高い給料がもらえて、自由にやらせてもらえる会社はないだろう。
ノードストロームに入ってはじめて、特別なチームの一員になれたと感じた。確

かに仕事はきついが、猛烈に働くのは好きだ」

（『ビジョナリー・カンパニー』）

このコメントにあるノードストロームは、全米有数の百貨店チェーンです。社員の士気に支えられた伝説的な顧客対応でも、高い評価を得ています。

ネット通販の興隆で、小売業が不振を極めている米国でも、同社は輝き続けているのです。

しかし、ビジョナリー・カンパニーの特徴は決して甘いものではありません。ある意味で「カルト文化」のような激しさがあります。

同書では、卓越した企業の文化を4つの特徴で説明しています。

【卓越した企業文化の4つの特徴】

①理念への熱狂
②教化への努力
③同質性の追求
④エリート主義

よりシンプルな言葉で表現するなら「特別な会社」「特別な会社に属する意識」でしょう。

「われわれがどこにでもある会社で働いていると考えていたら、ＩＢＭはどこにでもある会社になってしまうだろう。ＩＢＭは特別な会社だという見方をしっかりと持っていなければならない。この見方がしっかりしていれば、ＩＢＭが特別な会社であり続けるようにするために働く意欲を持つのは、きわめて簡単である」

（『ビジョナリー・カンパニー』）

韓非は、「威厳」がリーダーには重要だとしました。

厳しい規律と同時に、特別な集団に属すると感じられること。

社員に所属の誇りを与えられる環境が、人から熱狂を生み出すのです。

『韓非子』ならどうする？
28

特別な目標を掲げて、それを達成する特別な集団を目指すこと

「社員のプライド育成」は、大きく報われる行為

韓非が述べる「法」は現代なら企業理念でしょう。
彼の「術」は、行動規範といったところでしょうか。
2つに一致した行動をした者には褒賞を与え、外れた者は処罰する。
卓越した企業群、ビジョナリー・カンパニーの姿そのままとも言えます。

「先見性とは、やさしさではなく、自由奔放を許すことでもなかった。事実はまったく逆であった。ビジョナリー・カンパニーは自分たちの性格、存在意義、達成すべきことをはっきりさせているので、自社の厳しい基準に合わない社員や合わせようとしない社員が働ける余地は少なくなる傾向がある」

(『ビジョナリー・カンパニー』)

これは、本書の「はじめに」で紹介した秦《しん》軍の勇猛果敢さにも通じます。

「秦の国では、人民の生活を養うことは刻薄であるが、使役するには冷酷苛烈。権勢でおどし、生活を切りつめさせ、褒賞で手なづけ、刑罰でとりしまる。こうして下々《しもじも》の民がお上から利益を得ようとすれば、戦闘による以外にないようにしむけている。…だから、秦が四代にわたって連勝をつづけているのは偶然ではなく、必然なのだ」（『秦の始皇帝』）

なぜ、このようなカルト的な文化が必要になるのか。

理由は、通常の人間は、一つのことに集中することが難しいからでしょう。

ノードストロームは、「顧客に傑出したサービスを提供すること」を第一の目標にしています。

しかし、人間が常に緊張感を保つことは簡単ではありません。

だからこそ、カルト並みの企業文化で、人間の価値観を変えていくのです。

厳しい企業文化に自分を一致させて、成果を出した者に報いることも大切です。

ノードストロームは、全米の他の百貨店の約2倍の平均給与だと同書は述べています（一定の成績を超えると、報奨金が出る制度がある）。

秦の時代、「戦国の七雄《しちゆう》」のうち、六国は秦の勇猛さに圧倒されて消滅しました。カルト的に熱狂を引き出し、褒賞でわき目も振らず働かせる意味はそこにあります。

では、社員のプライドを育成し、粘り強く仕事に取り組める環境整備は儲かるのか？

一時は全米1位だったシアーズ（小売チェーン）の倒産など、厳しい競争が続く米国。その中で、ノードストロームはデジタル化も進め、最先端の百貨店として今も成功を続けているのです。

『韓非子』ならどうする？ 29

カルト的文化で目標に徹底して取り組ませ、圧勝する

04

熱狂を引き出す「場」を上手に創る

リーダーは、緊張感のある「場」を創る

韓非は、「人は愛情や慈しみでは死力を尽くさない」と断言します。戦場で兵士が逃げ出さないのは、法による強制力があるからです。

「困難な局面で、死を覚悟して、知恵をしぼり力をつくして奮闘するなどというのは、法のきまりがあってこそそうするのである。だから、古代のすぐれた王は、賞与をかかげて臣下をはげまし、刑罰を厳しくして臣下を威《おど》したのだ」

（『韓非子　第一冊』「飾邪《しょくじゃ》」）

誰もが命は惜しい。

誰もが大変な労苦は避けて、安楽に過ごしたい。

しかし、それでは手に入らないものがあり、一方で豊かになる道がある。

それが戦うことであり、知恵を絞り働くことであるならば。

兵士は危機に勇戦し、官吏は行政に知恵を絞るのです。


韓非は、「君主は公私の区別をはっきりさせなければいけない」と言いました。

「公」とは組織全体の目標やルールです。「私」とは個人の目的です。

「公」を無視しては「私」の目的や希望が叶えられないとき、人は「公」の定めた目標を無視することができなくなります。

現代ビジネスでも、「公」の代表格は職場であり会社です。

その戦場で、いかに緊張感のある場を創り上げることができるか。

成果に集中し、やるべきことに集中し、私的な都合を挟ませない。

このような体制を創り上げることが、君主の最大の仕事なのです。

『韓非子』ならどうする？30

個人の利益は必ず集団への貢献に一致することを、徹底する上司が学び続けていることが、最高の部下指導である

最後に、『韓非子』から、人を動かす最善の道の一つを抜き出しておきます。

韓非は、君主が成功し、国が豊かであることが人を統治する基本だとしました。

「世の君主は、自分で尭《ぎょう》のような聖君になろうと努めることもしないで、そのくせ臣下にむかっては伍子胥《ごししょ》のような忠臣になれと責めたてる」（『韓非子　第二冊』「安危《あんき》」）

逆に言えば、リーダーのスキルアップ、部門の業績アップこそが指導力なのです。

「国家の功績があがらない状態で、生きていることを楽しまない民を統治してい

くというのは、とても一般大衆に対して行なえることではない。そんなことでは、上《かみ》の者も下《しも》を使うことはできず、下の者も上に仕えることをしないであろう」

（『韓非子　第二冊』「安危」）

現代で例えるなら、会社が成功して儲かっていることも指導力の基礎です。傾き始めた会社、お金のない会社やスキルのない上司に統治力はない。勝っている人に部下はついていき、誰もが豊かな集団に属したがるからです。リーダーであるあなた自身のスキルアップこそが、指導力をより高めるのです。

『韓非子』ならどうする？ 31

部下がついていきたい上司、所属したい職場になること

緊張感を与え続けながら、相手を追い詰めない

実行が重要でも、部下をギリギリまで追い詰めてはいけません。

失うものが何もないと思えば、人は利害では行動しなくなるからです。

「人々が人生を楽しいと思わなくなれば、君主は尊重されないし、死ぬことをいやがらなくなれば、お上《かみ》の命令は行なわれない」
（『韓非子　第二冊』「安危」）

部下の顔色をうかがい、その心情をおもんぱかる。
韓非の指摘とは到底思えない、とみなさんは考えるかもしれません。
しかし、これは成果に大きくかかわる問題なのです。

「明主は国内を堅める。だから外でも失敗することはない。身近な所で失敗していて、遠い所では失敗がないというのは、あったためしがない」
（『韓非子　第二冊』「安危」）

部下が仕事で全力を発揮しながら、会社にいることに価値を見出せているか。
大変なハードルを超えながら、苦労の意義を理解して、生き生きとしているか。
部下が、日々の人生に意義を見出し、生活を楽しみながら努力できること。
このような環境を整えるのは、君主の地位を安泰にする土台を造ることなのです。

『韓非子』ならどうする？ 32

人生を価値あるものと感じなければ、人は利害で動かなくなる

あなたという上司の下にいて、部下は成長を楽しめるか

最高の君主の下では、部下は思う存分に能力を発揮できます。

「よく治まった時世の臣下は、功績の多い者は地位が高く、努力をきわめた者は恩賞が厚く、真心をつくした者は名誉があがる。善行があればそれを生育することと春の恵みのようであり、悪事があればそれを死滅させること秋の厳しさのよう

である」

（『韓非子　第二冊』「守道《しゅどう》」）

仕事は、成し遂げることで利益がなければいけません。
努力をして成功をした者は、褒賞を得る必要があります。
指示や評価軸がわかりやすく、公平なことも価値があります。
目標を追いかけるのに、だれもが複雑怪奇なことをする必要がない簡明さも重要です。
韓非は、「能力をはるかに超えた役職や仕事を任せてはいけない」とも指摘します。
ストレスや負荷が貯まり、重荷に耐えられなくなれば恨みとなるからです。

「臣下が自分の長所を発揮できず、自分の能力をこえたことに務めるとなれば、臣下のあいだで内にこもった怨みが固まってくる」

（『韓非子　第二冊』「用人《ようじん》」）

適材適所、能力に応じた職務の与え方は、働く側に快適さとやりがいを与えます。

【韓非が説く、部下を惹きつける4つのポイント】

①君主の目標設定力（利益のある事業を手がける）
②君主が感情で人を裁かない
③部下の適材適所を常に考える
④あらゆる指示のわかりやすさ

これら韓非の挙げる4点は、互いに関連していることがわかります。
4つは総合的に達成されることで、リーダーの素晴らしさが引き立ってくるのです。
部下がイキイキと仕事をして、命令と職務を楽しみ挑戦できる環境であるか。
4点は、君主が皆から支持をされ、尊敬される基盤となる要素なのです。

『韓非子』ならどうする？ 33

高いレベルの仕事を与えて、自分の最速での成長を楽しませる

第3章

人を自在に動かすリーダーになる方法

01

部下の力を引き出す5つの法則

法則① 人に合わせた仕事を与え、集中できる環境を創る

部下の力を引き出す第一の法則は、相手の能力や資質を見ることです。
その人の方向性、関心、資質に合った仕事ほど、成果も期待できるからです。

「人臣たる者はみなその能力に応じた位につき、その官職によく耐え、その任務を重いものとはせず」

（『韓非子 第二冊』「用人《ようじん》」）

「臣下は自分の長所を発揮できて自分の能力を精一杯につくせるから忠誠なのである」

（『韓非子　第二冊』「功名《こうめい》」）

これは当然と言えるかもしれません。

相手の資質や関心と、真逆の仕事を与えれば、どんな人物でも無能になります。

スピードを競うために創られたレーシングカーは、工事現場では役立ちません。

逆にクレーン車やダンプカーで速度を競うことも非効率でしょう。

「人を見て対処を変えろ」とはよく言われます。

韓非《かんぴ》は、「人を見て、任せる仕事を最適化せよ」としたのです。

『韓非子』ならどうする？
34

人を動かすリーダーは、相手の資質に合った仕事を任せる

法則② ルールはシンプルで、効果的なものに限定せよ

部下の力を引き出すには、社内のルールを簡素にすべきです。簡単なルールほど守りやすく、規律を正す効果を期待できるからです。

「賢明な君主はだれにでも獲得できるような賞を定め、だれにでも避けられるような罰を設ける。（中略）目の見えない者は平坦な土地に住んで深い谷に行きあうようなことがなく、愚か者も平静な日常を守って危険な状況に落ち込むことがない」

（『韓非子 第二冊』「用人」）

社内規定や仕事のルールを設計すること自体は、比較的簡単です。矛盾することをいろいろな規則に収めることもあるでしょう。しかし、複雑なルールを課すと、ルールの浸透がまず難しくなります。実行で部下を迷わせるようなルールは、業務の効率をむしろ落としているのです。

「賢明な君主の立てる標識は見やすい、だからお上《かみ》の約束は下々《しもじも》でよく守られる。賢明な君主の教えはわかりやすい、だからお上の言ったことは下々でよく聞かれる。賢明な君主の法は行ないやすい、だからお上の命令は下々でよく行なわれる」

（『韓非子　第二冊』「用人」）

伝説的なイノベーターである、アップル創業者のスティーブ・ジョブズ。

彼と長年仕事をした、クリエイティブ・ディレクターのケン・シーガルは、著書『Think Simple　アップルを生み出す熱狂的哲学』の中で、次のように述べています。

「インテルやデル、IBM、そしてアップルのためにマーケティングをおこなってきた私がたしかに言えることは、シンプルさを追求するアップルの姿勢は、ほかの企業では見られないということだ。それはたんなる熱中や情熱をはるかに超え、熱狂の域にまで達している」

（『Think Simple　アップルを生み出す熱狂的哲学』）

放置しておけば、社会と同じように、会社内のルールも複雑化します。複雑化への誘惑を断ち切るには、「シンプルさへの情熱が必要だ」とケン・シーガルは指摘しています。

シンプルで効果的なルールほど、実行を促すことができるからです。明確な形で表現されるほど、人々はそれを守ることができるのです。

『韓非子』ならどうする？35

人を動かすリーダーはシンプルさを愛し、効果的なルールを創る

法則③ 部下に苦手なことを押し付けない

どんな組織に勤める部下も人間です。

上司が部下の恨みを買わないことも大切です。

では、なぜ恨みを買うようなことが起きるのか。

韓非は、「相手の長所を発揮させず、苦手なことばかりを押し付けているからだ」と指摘します。

「臣下が自分の長所を発揮できず、自分の能力をこえたことに務めるとなれば、
臣下のあいだで内にこもった怨みが固まってくる」
（『韓非子　第二冊』「用人」）

もう一つの落とし穴は、人として当たり前の感情に配慮しないことです。

「苦労をしている者をいたわらず、悲しんでいる者にあわれみをかけず」
（『韓非子　第二冊』「用心」）

努力した者を誉めず、努力した者を評価しない。
苦労した者をいたわらず、心にかけない。
そのようなリーダーは、次第に部下から恨みを買うようになっていくでしょう。
韓非の指摘は、リーダーの心がけ一つで解決できる問題でもあります。
恨みや怒り、不満が積もりに積もったとき、人は君主にさえ背くようになるのです。

『韓非子』ならどうする？36

部下に苦手なことを押し付けず、当たり前の人情に配慮する

法則④ 効果的で成果の上がる目標から、まず取り掛かる

部下の力を引き出すために、重要な4番目のことは何か。

それは、君主、リーダーが計画することが「天の時」を得ていることです。時代が求めていること、消費者が必要とする事業を行うのです。

「賢明な君主が、功業を立てて名声をあげる手段として、四つのことがある。第一は天の時、第二は人の心、第三は技能、第四は勢位《せいい》である」

（『韓非子　第二冊』「功名」）

どれほど人材管理が上手い上司の下であっても、売れない商品ばかりでは、働く側は心が折れてしまいます。

部下が頑張りたいと思うためには、成果を実感できる枠組みも重要なのです。

「天の時が得られるなら、努力をしなくとも穂は自然に生え、人の心が得られるなら、奨励しなくとも人は自然に働き、技能に頼れば、せきたてなくとも事は自然に早く運び、勢位が得られるなら、推し進めなくとも名声があがる」

（『韓非子　第二冊』「功名」）

時勢に合った商品、ビジネスであれば、自然に成果が実っていく。

4つはともに重要ですが、第一が「天の時」なのは、それが基礎になるからでしょう。

社会が求めている事業を始めれば、人は自然についてくるからです。

『韓非子』ならどうする？37

人を動かすリーダーは、成果が出る、時代が求める事業を行う

1は天の時、2は人の心、3は技能、4は勢位《せいい》

天の時が得られるなら、
努力をしなくとも
穂は自然に生える

人の心が得られるなら、
奨励しなくとも
人は自然に働く

技能に頼れば、
せきたてなくとも
事は自然に早く運ぶ

勢位が得られるならば、
推し進めなくとも
名声があがる

あらゆる事業を成功させる、強力な４つの要素を利用する

**４つの要素の何かが欠けると、努力は無駄に、
あるいは非効率に陥りやすい**

『韓非子』【功名】より

**天の時に背けば、たとい十人の堯《ぎょう》があらわれても、
冬の季節では一本の穂さえ生やすことはできず、
人の心に逆らえば、
たとい孟賁《もうほん》・夏育《かいく》のような勇士でさえ
人の力を出しつくさせることはできない**

法則⑤　リーダーの冷静さ、感情ではなく、合理性を追求する姿勢

最後は、リーダーの冷静さです。
部下の力を引き出し、献身を求めるには感情論ではダメなのです。
相手が自分の思い通りに動かないと、すぐにかっとなる人がいます。
気質として、自分と仲良くなれるタイプだと、高く評価してしまう人もいます。
しかし、そのような「感情的」な采配では、部下はついてきてはくれません。

韓非は、君主と部下は、基本的に利害が対立しているとしました。
先の4つの対策はいずれも、部下の視点から見た働きやすさです。
4つを整えることは、部下におもねることではありません。
部下が仕事に集中し、自然に成果を高める方法です。

成果が出ないとき、部下の仕事の欠点がどうしても目につきます。
そのようなとき、一呼吸おいて、部下の立場から眺めてみる。
感情論ではなく、合理的思考から相手と接するのです。

部下の成果を引き出す5つの法則を、私たちが再確認すべき瞬間なのです。

『韓非子』ならどうする？ 38

人を動かすリーダーは、自分の感情論で相手と接しない

02

上に立つ者は、5つの自分をまず捨てよ

リーダーに必要な視野と、部下に必要な視野は異なる

『韓非子』は、人間をこれ以上ないほど鋭く洞察した書物と言われます。

上に立つ人が、自分を知るとはどんなことを意味するか。

それは、リーダーに必要なことを知り、自分に欠けていることに気づくことです。

「（明君は）すぐれた才能を備えていても、それによって自分で仕事をしたりはせず、臣下に仕事をさせてその拠り所を観察する。勇気があっても、それによって自分で奮いたったりはせず、群臣にその武勇のありたけをつくさせる」

（『韓非子　第一冊』「主道《しゅどう》」）

韓非は私たちにこう言っています。

自分という小さな箱、小さな殻から抜け出て、上に立つ者に成長せよと。

あなたは優れた才能を持っているかもしれません。

しかし、この世界には、突出したリーダーたちの定石、フォーマットがあるのです。

それは上に立ち、成功した者の行動様式と言ってもよいものです。

あなたは勇気があり大胆不敵かもしれません。

しかし、上に立つ者は、個人プレーよりも、部下を奮い立たせることを優先するのです。

上に立つ者は、小さな自分を捨てなければなりません。

上に立つ者の思考で考え、上に立つ者の視点で見て、上に立つ者の耳で世界を聞き分けることが大切なのです。

『韓非子』ならどうする？ 39

自分という小さな箱をあきらめ、人に仕事を任せる技能を高めていく

上に立つ者は、まず相手から話させよ

会社の中で評価される人はたいてい、話すことが得意です。
しかし、上に立つと、プレイヤーとは違う行動が求められるのです。
たとえば、言葉をすぐ話さずにいったん飲み込んでおくことです。
報告・連絡・相談を上司にする、部下の立場なら話すことは重要です。
しかし、上に立つ者は、まず相手から話を始めさせるべきなのです。
なぜ、最初に聞き役に回るのか。
それは相手が思っていることを、そのまま引き出すためです。

「君主は自分の望むことを外に出してはいけない。君主が自分の望むことを人に知らせると、臣下はきっとそれに合わせて自分を飾りたてるだろう」

（『韓非子　第一冊』「主道」）

聞きたいことを上司が話せば、部下は言われたことに沿った話だけをします。

上司の意向にできるだけ合わせようとするからです。
だからこそ、まず先に部下に聞くのです。
「どう思ったか?」「どう考えているか?」「対策はどうしたらいいと思うか?」
質問から入ることで、部下の資質を知ることにもなります。
上司が答えを常に先に言うと、部下は自分で考えなくなります。
上司が先に結論を告げると、予想外の情報も話すことをためらうようになるでしょう。
上に立つあなたが、一つ言葉を飲み込むと、それだけ部下が自分から話すようになる。
先に話すのをあきらめるほど、あなたの耳は部下の多くを聞けるようになるのです。

『韓非子』ならどうする? 40

自分が多く話すことはあきらめて、部下から話を始めさせる

自分の小さな知恵だけに頼るのをあきらめる

知恵のある人は世の中に多くいます。
器用な素質のある人、アイデアが浮かぶ想像力のある人もいるでしょう。

しかし、一人の人間の中にある知恵や才能には、そもそも限界があります。
「自分ができる」と思う人は、他の者の才能や資質に目を向けません。
だからこそ、韓非は「上に立つ者は自分を捨てよ」と繰り返すのです。

「明君は知恵を捨て去ることによってかえって明知を得、すぐれた才能を捨て去ることによってかえって功績があがり、勇気を捨て去ることによってかえって強さが得られるのである」

（『韓非子　第一冊』「主道」）

自分ができると思う人は、部下の予想外の資質に気づきません。
愚かなリーダーは、自分の限界を組織の限界にしてしまうのです。
優れたリーダーは、自分を捨て、組織から無限の力を引き出すのです。
だからこそ韓非は、「上に立つものは小さな自分を捨てよ」と繰り返すのです。

『韓非子』ならどうする？
41

部下の発想、アイデア、知恵、エネルギーを活用するため、リーダーは自分が常に一番であることを、意図的にあきらめる

自己顕示ではなく、利益と権力を取れ

リーダーが、自分ではなく部下に着目するとどうなるか。
時間とともに、部下の活躍が目立ち始めます。
リーダーは、部下が活発に動く集団の上に位置するようになるのです。
拍手喝さいを受けるのは部下でも、成果を最大化できるリーダーになるのです。

「明君のやり方は、知恵者たちにその思慮を出しつくさせたうえで、君としてそれをふまえて物事を裁断するから、君として知恵にゆきづまることがない。（中略）君主は賢者でなくても賢者たちの先生となり、知者でなくても知者たちの中心となるのである」

（『韓非子　第一冊』「主道」）

現代ビジネスにおいても、この原則はまったく同じです。

「いかなる状況であれ、「偉大なマネージャーは」常に関係者一人ひとりのことを真っ先に考える。彼らが成功を経験するためにどんな手助けができるかを考える」

（『最高のリーダー、マネージャーがいつも考えているたったひとつのこと』）

『韓非子』ならどうする？ 42

自分が目立つのをあきらめると、部下たちの才能が輝き始める

上に立つ者が部下に着目すると、部下は生き生きとし始めます。

上司が自分に注目し、自分に期待してくれていることを感じるからです。

上に立つあなたは、一つだけあきらめることが必要です。

それは「自分が脚光を浴びる」という自己顕示欲です。

自分のできること、ではなく、大きな波と時代の変化を知って勝つ

韓非は、「上に立つ者は大きな原理原則に従うべきだ」としています。

小さな知恵、短期的な視野、そのようなものから卒業すべきなのです。

人間にとっての原理原則とは何か。

社会にとっての原理原則とは何か。

今、社会の変化はどのような方向に向かっているのか。

巨視的な視点から、どこがこの変化の到達点になるのか。

「道とは万物の起こる始めであり、是非《ぜひ》の定まる規準である。それゆえ明君は、その始めを守ることによって万物の始原を知り、その規準を治めることによって成功と失敗との兆《きざ》しを知る」

（『韓非子 第一冊』「主道」）

小さな浅知恵ではなく、大きな波に乗ることをリーダーは目指すべきです。

小さな知恵を振りかざすと、大きな波に逆らって転覆してしまうかもしれません。
短期の視点で行動すると、長期的には苦しみ続け、敗北するかもしれないのです。

「明君は知恵があっても、それによって思慮をめぐらしたりはせず、万物がそれぞれのありかたをわきまえて落ちつくようにする」

（『韓非子　第一冊』「主道」）

自分の目から見える小さな風景ではなく、大きな世界のうねりを見通す。
世界には、大きな原理原則がきちんと存在しています。
大きな流れ、大きな原理原則、大きな人間の根本を活用することが大切です。
これこそが、韓非が上に立つ者に伝えたい第一の秘訣なのです。

『韓非子』ならどうする？ 43

自分という枠組みをあきらめると、世界のチャンスを利益にできる

03

人を動かす人は、厳しさと冷酷さの2つを武器にする

最高のリーダーが、愛情を捨てる理由

『韓非子』では、愛情や憐れみを捨てるメリットが繰り返されています。

「仁を立てるやり方では、しばらくは安楽であってもあとではゆきづまる。聖人は両者のどちらがよいかをよく考えて、利益の大きい方を選び取る。そこで、法のもとでこらえあう方を採用して、仁愛であわれみあう方は棄て去るのである」

（『韓非子　第四冊』「六反《りくはん》」）

安易な愛情が、相手を不幸にするのは、現代ビジネスでも同じです。

「優れたリーダー」は居心地のいい職場をつくることで業績をアップさせる。一方「最高のリーダー」は、最大限の成果を上げることに集中する。それこそが、自分自身、そして部下が会社から報酬を得る理由だと理解しているからだ」

（『「最高の上司」は嫌われる』）

右は、リーダーシップの専門家兼トレーナーであるマルクス・ヨッツォの言葉です。彼は、厳しさが成果を上げる４つのポイントを提示しています。

【成果の上がる職場をつくる4つのステップ】

①部下が目標を見失わないように気を配る
②業務に集中することを要求する
③明確なフィードバックを与え、部下をぬるま湯から引き出す
④困難に直面した部下を見殺しにしない

人は、時間とともに目標や効率から脱線していく。
これは『韓非子』で繰り返し述べられている組織の真実です。
マルクス・ヨッツォは、「部下をぬるま湯から引き出す」と表現しています。
甘さは部下を堕落させ、部下が仕事を失う危機さえ高めてしまうのです。

『韓非子』ならどうする？ 44

部下をぬるま湯から出すため、厳しさを計算して発揮する

褒めるか叱るか、どちらかを必ず行うこと。放置は厳禁

「優しさがかえって人を躓《つまず》かせるのだ」と、韓非は繰り返します。

「昔の聖人の諺《ことわざ》に、「山にはつまずかないで、蟻《あり》づかにつまずく」というのがある。山は大きいから人は用心するが、蟻づかは小さいから人は侮るためである（中略）。罪を犯してもそれを罰しないというのでは、国じゅうの人々を追いやっ

て見すてることになる」

（『韓非子　第四冊』「六反」）

ビジネスの現場でもこれはまったく共通です。
目標達成ができないのに、なんの叱責もなければどうなるか。
部下はそれを「蟻づか」だと勘違いします。
大きな問題ではないと誤解するのです。
しかし、目標達成できないことが常態化すればどうなるか。
会社は部署を見限り、部署は個人を見限ります。
平社員の首を切ることもあるでしょう。
だからこそ、最高のリーダーは必要なら容赦せず部下を叱るのです。
褒められもせず、叱られもしなければ、部下の仕事への注意は必ず希薄になります。
それは広い目で見ると、部下を見捨てて失敗に導いた上司の責任なのです。

『韓非子』ならどうする？45

曖昧なままでの放置は、上司が部下を見捨てる行為である

フィードバックがなければ、相手はやる気を急速に失う

書籍『熱狂する社員』は、仕事の成果へのフィードバックの重要性を指摘しています。

「人には責任感と働く意欲が備わっているが、その人に対して関心を払う人が一人もいなければ、モチベーションは急速に萎えてしまう。また、失敗したときだけ目を向けると、モチベーションは憤りに転嫁する」
（『熱狂する社員』）

例として、同書は次のコメントも紹介しています。

「ボスと毎日付き合っていると、彼のフィードバックはいつも否定的なものばかりだ。出勤する朝は、必ずそのことが頭に浮かぶ。家を出るときも、運転中も、ずっと気持ちは沈んだまま。会社に着いたときには、気持ちが萎えてしまっている」
（『熱狂する社員』）

マイナスの行為だけに目を向けると、部下はやる気をすべて失ってしまうのです。そしてたいていの人は、人を褒めることに慣れていません。

『熱狂する社員』では、「社員は達成できなかったことから学ぼうとしない」「もっと他に良いやり方があったのではと考えることもない」と見なすのは間違いだとしています。伝え方が適切ならば、マイナスのフィードバックさえ部下は快く受け入れるのです。ポイントは、部下にフィードバックするとき、「改善できる」に焦点を合わせることです。

【相手を動かすフィードバックの基本】

×君のここがダメだよ

○ここを変えるともっとよくなるよ

『熱狂する社員』では、ある社員のコメントを載せています。

「フェアで、こっちの意見もよく聞いてくれる。でも、改善の必要性を認めれば、ためらったりはしない。どんな状況でも、我々と一緒に対策を考える。彼女が上司で本当に幸運だと思う」
（『熱狂する社員』）

フィードバックも、伝え方次第なのです。
褒めること、叱ること。部下に対するあなたの反応こそが、相手を動かすのです。

『韓非子』ならどうする？ 46

フィードバックも、伝え方次第で、相手を発奮させることができる

仕事ができない、「いい人」には注意せよ

韓非は、結果が伴わない「いい人」は、最も軽蔑すべきリーダーだとしています。
周囲によい顔をしながら、そのような人は集団の危機を深刻にしているからです。
人の顔色ばかりうかがっている人もいます。
人の意見に、終始振り回されている人もいます。

このような人は、しょせん君主には向いていていません。
なぜなら、真の君主は本質的な成果を見ており、人の顔色は見ないからです。
人事コンサルタントの谷所健一郎氏の著作では、次の指摘がされています。

「『いい人』は周囲の目を気にし、悪く思われたくないという意識が強いが、『できる人』は、会社にとって正しいと思ったことであれば、嫌われても信念を通す」

（『「できる人」「できない人」を見抜く面接術』）

『韓非子』ならどうする？ 47

成果を出せないなら、いい人であることなど止めるべきだ

韓非は、真の君主は、人がどう思うかなど考えないとしています。
集団に利益があり、組織が成果を上げる。ただその一点に集中しているからです。

最高のリーダーが、いくらでも厳しく、冷酷になれる理由

韓非は、「厳しさ」「冷酷さ」とは、愛情と深謀の裏返しだと言います。

「今、家族が暮らしを立てていくのに、飢えや寒さをたがいにこらえ、苦労な仕事を励ましあっているとしよう。たとえ戦争の災難や饑饉《ききん》の災害があっても、温かい着物を着てうまいものを食べておれるのは、きっとこうした家である」

（『韓非子　第四冊』「六反」）

「たがいにあわれんで衣食を分けあい、恵みあって楽しんでいるとしよう。凶作の年になって、たちまち妻を人の嫁にしたり子どもを売ったりするのは、きっとそうした家である」

（『韓非子　第四冊』「六反」）

なぜ、2つの家には差ができるか。
前者の家族には、先を考えた上での厳しさと愛情があるからです。
後者の家族には、先を考えないで今を楽しむ安易な愛情があるだけです。
前者は深慮を伴う愛情であり、後者は軽薄な甘やかしにすぎないのです。
だからこそ、最高のリーダーはいくらでも厳しさを発揮し、冷酷になるのです。

「治を望むことの強い者は、必ずその賞を手厚くし、乱を憎むことの強い者は、必ずその罰を重くする」
（『韓非子　第四冊』「六反」）

部下を困難に立ち向かわせない上司。
そのような上司は、部下の力を育てる助けとなりません。

「刑罰を軽くするようにと主張する者は、乱を憎むことが強くないのである。また治を望むことも強くないのである。これは単に無策だというだけでなく、さらにまた無法というべきである」

(『韓非子　第四冊』「六反」)

安易な愛情や憐れみは、相手のことを真剣に考えていないのです。部下を放置する者は、部下の成長を心から願っていないのです。愛情が軽薄であるほど、必要とする厳しさから相手を遠ざけてしまう。必要な厳しさ、冷酷さを発揮できる君主は、本当の愛があるから鬼になれるのです。

『韓非子』ならどうする? 48

深い愛情が厳しさとなり、深慮の結果が冷酷さになる

軽薄な愛情だけの家では、
凶作の年に妻を他人の嫁にして
子どもを売るようなことになる

飢えや寒さをたがいにこらえ、
苦労な仕事を励ましあっているとしよう。
たとえ戦争の災難や災害があっても、
暖かい着物を着て
うまいものを食べておれるのは、
きっとこうした家である
（『韓非子　第四冊』【六反編】より）

たがいにあわれんで衣食を分けあい、
恵みあって楽しんでいるとしよう。
凶作の年になって、
たちまち妻を人の嫁にしたり
子どもを売ったりするのは、
きっとこうした家である
（『韓非子　第四冊』【六反編】より）

↓

なぜ、2つの家に差ができるのか？
同じ愛情がありながら、
「厳しさ」と「甘やかし」という違う形で
出てきているからである

愛情が軽薄であるほど、
相手が本当に必要とする厳しさを与えない。
深い愛情が厳しさとなり、
深慮さが冷酷さになる家が、
本当に家族を守ることができる

04

勝利に疾走する集団を作る、『韓非子』流リーダーシップ

リーダーは、意義あることに向けて部下を集中させる

韓非の指摘するリーダーとは、どんな行動をする者か。
恐らく「意義あることに向け、部下を行動・集中させる者」でしょう。

「君主が明察で厳格であれば群臣は誠実になり、君主が懦弱《だじゃく》で暗愚であれば群臣はごまかしをする。隠れたものを見ぬくのを明察と言い、処罰を断行するのを厳格と言う」

（『韓非子　第三冊』「難四《なんし》」）

君主が第一に実現すべきは「利益（お金）」だと韓非は言いました。

利益の実現には、君主が意義・効果のある行動を見極める必要があります。

古代ならば、戦争を起こすとき、有利に勝利を得る目算があるときなど。

政治ならば、適切な制度と法によって、国が栄え、国民が輝くことなど。


そのため、リーダーが「今、何を成すことが一番意義が高いか」を知る必要があります。

その把握こそが、リーダーの最も重要な仕事なのです。

「意義あること」は、時代の流れや社会変化で当然変わっていきます。

変化を続ける、「意義あること」を常に正しく洞察し、部下をそれに向かわせる。

このことは、すべてのリーダーの最も重要な起点であり、最大の役割なのです。

『韓非子』ならどうする？ 49

君主は、一番意義があり、利益を生み出す行動を見抜くこと

リーダーは、効果的な基準を持つべし

正しい目標、組織に必要なことがわかれば、次は実行です。その上で、「リーダーが効果的な基準を持つことが重要だ」と韓非は指摘します。

「羿《げい》や逢蒙《ほうもう》のような名人でなければ必ず百発百中とはいかないのは、一定した標的が定まっているから〔難しい〕のである。〔物ごとはすべてそうしたもので〕規準があれば難しく、規準がなければやさしいものだ」

（『韓非子　第三冊』「外儲説《がいちょぜい》　左上」）

定めた目標を達成するのは難しく、でたらめで偶然起こることは容易《たやす》い。漫然と過ごす一日は簡単でも、成果にあふれた一日にするのは難しい。

同様に、何かを募集したりする場合も、基準は効果的に機能します。

「何の規準もなしに応対していると、弁舌の士はいろいろとまくしたてるが、規準を立てて対応すると、相手が知恵者であっても、失言を恐れて、むやみにしゃべろうとはしないものである」

（『韓非子　第三冊』「外儲説　左上」）

これも、「成果を基準」としているか否かに関連する逸話なのでしょう。
1日を、目標を達成する時間にする。成果を上げる時間にする。
成果から外れた行動が、的外れであることがわかりやすい状況にするのです。

『韓非子』ならどうする？ 50

達成を増加させるため、評価の基準を明確化する

明察と厳格という2つの武器

韓非は、次の質問に正確に答える者を君主としています。
「いま、この集団にとって一番必要な行動は何か」

危機が迫っているならば、それを避けるか打開策を考えて実行する。
新たなチャンスが必要であれば、発見する力を拡大していく。
戦うべきか、守るべきか、内政に力を入れるか、外交の重視か。
一番必要な行動、言い換えれば、ベストの優先順位をわかっているべきなのです。

【韓非が指摘する君主の2つの武器】

①明察＝隠れたものを見抜く力

②厳格＝処罰を断行する力

集団は、常に正しい行動を取れるわけではありません。
「集団に一番必要な行動」から外れた行為を試す者が出てくるのです。
韓非は、処罰する力の重要性を幾度も繰り返しています。
しかし、処罰の基準が正しくなければ、効果を発揮しません。
その基準こそが、「集団に今、一番必要な行動」なのです。
その「一番必要な行動」から、外れた者がいないかを察知するのが君主の明察。
外れた者を処罰して、本人と周囲を適切な流れに戻す力が君主の厳格。

書物としての『韓非子』は、処罰や厳しさに関する項目がとても多い。
その「厳格さ」とは成果や利益、一番の必要性を理解した叱る力なのです。

『韓非子』ならどうする？ 51

効果や成果から外れた行動を発見して、処罰すること

愛情や慈しみより、賞とムチが人を動かす

愛情や慈しみは、一般的にはよいことだとされています。
しかし、人を動かし強い組織を作るとき、その常識は逆転します。
なぜなら、成果を出すには、人が嫌がる行動が必要だからです。
米国の訴訟コンサルタントのフィリップ・マグローは端的な言葉で指摘しています。

「勝者と敗者の違いは、敗者がしたがらないことを勝者はするという点だ」
（『史上最強の人生戦略マニュアル』）

韓非は、人を動かす要諦は「必要だが嫌なこと」をやり抜く環境作りだとしています。労働、規律、勇気や問題解決は、いずれも楽しいものではないからです。戦争で国を守るには、兵士は死力を尽くさなければなりません。そのために、韓非は「賞と罰を重くする」ことの重要性を説いています。

「君主の民に対する態度はと言えば、国難があれば命を投げ出して働かせ、平和なときも力いっぱい働かせる。親の方は、厚い愛情によって、子の生活を安らかで快適なものにしようとしていても、その言いつけは聞かれないのに、君の方では、愛情もなくて、ただ民が死力をつくして働くことを要求しているのに、その命令が守られる」

(『韓非子　第四冊』「六反」)

何らかの成果を集団で達成するときには、組織化され、必要だが嫌なことに着手して成し遂げる者が必要なのです。

「母が厚い愛情で慈《いつく》しみをあらわしているのにだめな子がたくさん出るのは、愛情を推しひろめるからである。父が愛情薄くむちをとって教えると立派な子がたくさん出るのは、厳しさに頼るからである」

（『韓非子　第四冊』「六反」）

韓非が指摘する厳しさは、リーダーが利益ある目標を掲げる力と関連します。「利益」「賞」「罰」の3つは、連環のように機能しているからです。

一方で、厳しさは部下にだけ適用されるものではありません。

真の厳しさは、リーダーたる君主自身にも適用すべきものなのです。

『韓非子』ならどうする？ 52

勝者は実行する。勝者は「必要だが嫌なこと」こそやり遂げる

第4章
転落するリーダーの5つの特徴

01

人の演技を見抜けないリーダーは、転落する

情報を与えるほど、相手は演技をし始める

部下や周囲の人間の、本当の姿を知りたいと思いませんか。彼ら彼女らの実力、本当の性格、隠した目標を丸裸にするのです。そのための効果的な方法があると韓非《かんぴ》は指摘します。

「君主は自分の望むことを外に出してはいけない。君主が自分の望むことを人に知らせると、臣下はきっとそれに合わせて自分を飾りたてるだろう」

(『韓非子 第一冊』「主道《しゅどう》」)

あなたの嗜好《しこう》を相手が知ると、相手は自分を飾りたてることができます。
好みを把握すれば、それに合わせて皆が演技を始めるのです。
これをさせると、君主は相手の本当の姿や実力がわかりません。
相手が演技をするように君主自らが仕向けてしまったのです。
だから韓非は私たちに繰り返すのです。
「あなたの望むことを周囲に知らせるな」と。

『韓非子』ならどうする？ 53

転落するリーダーの情報は筒抜け、飛躍するリーダーは自分の情報をしっかり守る

人は権力とお金に媚《こび》を売る

人は権力に媚を売ります。
蜜に蟻が群がるように、金や地位、権力には人が群がるのです。

「君主は臣下の利害が集まっている中心である。その利害を射当てようとねらう者は多い。だから、君主も臣下と利害を分けあうようなことになってしまう。そこで、君主の好き嫌いが外にあらわれると、臣下の方では手がかりができて、君主は惑わされることになる」

（『韓非子　第三冊』「外儲説《がいちょぜい》　右上」）

社長がゴルフ好きだと、部下もゴルフに興味を持ち始める。
取引先の社長から注文をもらおうと、営業マンもゴルフを始めるでしょう。
釣りであれ、夜遊びであれ、ギャンブルであれ同じです。

同じ趣味の人が集まったのではなく、権力や財力に媚びる者が集まったのです。
この点に気づけないと、トップは世間を間違った形で理解してしまいます。

韓非は、斉《せい》の国で桓公《かんこう》（王）が紫の服を好んで着た故事を引用しています。
斉では、群臣から庶民までが紫の服を好むようになり、紫地の布が高騰します。
困った桓公は、臣下で賢者の誉れ高い管仲《かんちゅう》に相談をしました。
管仲は次のように答えます。

『韓非子』【外儲説】より

君主は臣下の利害が集まっている中心である。
その利害を射当てようとねらう者は多い。
だから、
君主も臣下と利害を分けあうようなことになってしまう

【転落するリーダーの５つの特徴】

【①ウソを見抜く】
人の演技を
見抜けないリーダーは
転落する
【②効率】
優先順位の
わからないリーダーは
転落する
【③規律】
管理能力のない
リーダーは
転落する
【④幹部】
幹部を上手く扱えない
リーダーは
転落する
【⑤ウラを取る力】
リーダーが
情報のウラを取り、
事実を基準としなければ
転落する

「『詩経《しきょう》』では『君自ら行なわなければ、庶民は信ぜず』と歌われています。いま民衆が紫の服を着ないことをお望みでしたら、王さま御自身で紫衣をぬいで朝廷に出られ、群臣で紫衣を着て出仕するものがありましたら、『もっと離れておれ、わしは臭いが嫌いだ』と言ってごらんなさい」

（『韓非子　第三冊』「外儲説　左上」）

桓公がその通りに実行すると、その日のうちに宮廷内で紫の服を着る者が消えました。その年には、領土内で紫の服を着る者がいなくなったのです。

トップが趣味や嗜好、好みを気軽に口にすれば、周囲はみな演技を始めます。

韓非の教えを知らないと、トップが歪みを自ら招いてしまうのです。

『韓非子』ならどうする？
54

転落するリーダーは好き嫌いを素のままで出す
飛躍するリーダーは、仕事への影響を考えて好悪を設計する

相手はいつも、実力以上に自分を見せようとする

商談に慣れた人は、営業マン相手に好みをペラペラしゃべることはしません。むしろ、購入意思を見せず、わざと冷めた顔をするはずです。相手の嗜好が掴めず、営業マンは売るために精一杯の譲歩の必要を感じます。

こちらが情報を与えると、相手は実力以上の演技ができる。

結果、君主は相手の演技に惑わされてしまう。

新入社員の面接試験などでは、まさにそれが日常的に行われています。どんな回答が好まれるかを知っていれば、受験者は演技ができるからです。

一方、「面接試験の傾向は毎年新しくなる」と宣言していればどうなるか。受験者の学生はあきらめて、素の自分で勝負しようとするでしょう。

「君主が好き嫌いを外に出さないでいると、臣下の方ではありのままの生地《きじ》をあらわし、君主が知恵の働きを外に出さないでいると、臣下の方では自分で慎重にふるまうことになる」

（『韓非子　第一冊』「主道」）

相手の本当の姿は、いざというときに現れます。
彼らは人の見ていないところでは、真逆の行動と性格を表すかもしれません。
「長年世話してやった、あいつに裏切られた」が起こる理由はここにあります。
しかし、腹黒い裏切り者に演技を許したのは、王の迂闊《うかつ》さなのです。
王が好き嫌いを外に出さないだけで、相手の真贋《しんがん》を見分けることができたのです。

『韓非子』ならどうする？ 55

転落するリーダーは、目の前の相手の演技に気づかない

ちぐはぐな評価は、本当に優れた部下を失うことになる

トップが軽率に、自分の好き嫌いを外に出すとどうなるか。
権力やお金を目当てに、演技上手が周囲に殺到することになります。
当たり前ですが、悪知恵の働く者ほど、演技力は高いものです。
お金目当ての異性の演技を、愛情と勘違いして没落する人も同じ構造です。
高い地位にあり、お金を手に入れた社長が、人で転げ落ちる瞬間です。

一方、相手の本当の姿を理解するにはどうすればよいか。
次の3つの方法は、ある種のリトマス紙となるでしょう。

①トップが目標を公開する前に、幹部や部下に目標を聞いてみる
②言ったことと、実際の功績を厳密に比較してみる
③あなたにお金や権力がないときの、相手の態度を覚えておく

上司は自分の意見を言う前に、部下に印象や計画を聞いてみるのです。
このようなことを続けると、幹部や部下は自分で考えざるを得なくなります。
演技ができなくなると、実力を発揮するしか方法がなくなってしまうのです。

2番目の、言ったことと実際の成果を必ず冷徹に比較することも重要です。
これをすると、口先だけの者は次第にあなたの周囲から逃げていきます。

3番目の、あなたにお金や権力がないときの相手の態度も重要です。
お金がなくなると、「みんな非情にも離れていった」と嘆く倒産企業の社長がいます。
しかし、もともと、そういう人を集めたから、こんな悲劇を味わうのです。

演技で人を騙し、甘い汁に集まる人を見抜けなかったから、没落したのです。
韓非が2000年以上前に指摘したことは、人間社会の永遠不変の真理なのです。

『韓非子』ならどうする？ 56

情報を与えず相手を試し、発言は必ずウラを取って確かめる

すべての部下は、上司を鏡として演技をしている

すべての人は金や権力の前で演技をしている。
これを知って、「世の中には人情も真心もないものだ」と嘆くのは間違いです。
程度の差はあれ、これは私たちを含めた誰もがしていることだからです。

韓非が始皇帝《しこうてい》に伝えたのは、この世界の真理です。
人の心の本質を見抜いた洞察が、中国を統一した始皇帝に深い感銘を与えたのです。
権力と富をすべて手にした皇帝は、演技者にうんざりしていたのでしょう。
それを知り、どうすべきかの道を、心から求めていたから感激したのです。

すべての部下は、トップの好き嫌いを基に演技をしている。
この現実は、２０００年以上前から変わることのない社会の構造です。
問題は、賢い社長やトップが、この真理を知ったあとどうするかです。
これまでのように、軽率に自分の好き嫌いを外に出し続けるか。
内に秘めて、周囲の者たちが本当の姿をさらしながら動くように仕向けるか。
権力と富で転げ落ちる人は、『韓非子』の教えを活かさない側の人たちです。
人間心理を軽視する人は、高い地位を得るほど、大きく転げ落ちてしまうのです。

『韓非子』ならどうする？ 57

お金や権力、地位の前で人がどう演技するか、理解しておく

02

優先順位のわからないリーダーは、転落する

10の落とし穴〈前編〉

『韓非子』の大前提は、人間はもともと弱く、愚かであることです。

韓非は有名な「十過」（10の失敗）を書き残しています。

まず前半の5つをご紹介しましょう。

【十過の前編（5つ）】

①小さな誠実をとりあげて、大きな誠実を妨げてしまう

②小さな利益にひかれて、大きな利益を損なう

③行動が偏り、外国の諸侯に無礼だとやがて身を滅ぼす
④政務に集中せず音楽ばかり楽しむと、やがて行き詰まる
⑤貪欲でひねくれて、利益ばかり求めると、国を滅ぼす

①の小さな誠実によって、大きな誠実を妨げるとはどんなことか。
韓非はある故事を使って説明をしています。

古代中国で楚《そ》の国が戦争をしていたとき、将軍の司馬子反《しばしはん》は激戦の最中にのどが渇き、飲み物を求めました。

部下は、酒好きの司馬に気を利かせて、酒をさかずきについだのです。

子反は「それは酒だな、下げよ」と命じます。

しかし、部下はさらに気を利かせ「酒ではありません」と答えたのです。

酒好きの司馬は一口で止められず、戦闘の終わる夕方には泥酔してしまいます。

翌日の戦闘について相談に来た楚王は、司馬の泥酔を知って撤退を決定。

司馬は戦争中に泥酔した罪で、のちに死刑にされてしまいます。

下の者は、上の者に要求される厳しい世界をまったく知りません。

「この程度なら、いいではありませんか」

点数稼ぎのつもりで、下の者が気軽に行ったことが大きな過ちにつながる。無知な下の者からの小さな誠実さを、上の者は警戒すべきです。

上司は間違った誠実さに直面したとき、それを避けなければいけないのです。

『韓非子』ならどうする？
58

部下の仕事への甘さや半端さを、できる上司は全否定する

短絡的に利益を求めると、すべてを失う落とし穴にはまる

短絡的に考えてプラスの行動が、大きなマイナスを生み出してしまう。

韓非は次のように説明します。

昔、虞《ぐ》の国が晋《しん》の国から宝玉と名馬をもらった見返りに道を貸しました。その道を通って晋は他国を滅ぼし、勢力を増して虞も滅ぼしたのです。

虞に贈った宝物はすべて晋に戻り、名馬はさらに肥えていました。

小さな利益を得たからと、重要な点に気づかず譲歩すると、大きな損失を抱え、滅亡の危機に瀕してしまうのです。


1980年代、米マイクロソフト社はパソコン用のOSを開発しました。

このOS「ウィンドウズ」は当初業界の巨人企業IBM用の製品でした。

マイクロソフトの創始者ビル・ゲイツの狙いはなんだったか。

他のメーカーにもOSを販売できる契約内容だったのです。


小さな譲歩をIBMがした結果は、どうなったのか。

「ウィンドウズ」OSで、世界中のメーカーがIBMの互換PCを製造できるようになったのです。

マイクロソフトは時価総額で一時世界1位に上り詰めました。

一方のIBMは、PC事業を最終的に売却せざるをえなくなったのです。


「貪欲でひねくれて、利益ばかり求めると、国を滅ぼす」とは何か。

自らの陣営が勝利するために必要な経費をケチることです。

当然与えるべき利益を他者に与えず、人心を失って滅んでいく。

人材採用、福利厚生、給与、素晴らしい発明をした技術者への褒賞。
これらは会社がさらに進化を続けるために、欠かせない必要経費です。
それをケチり、無駄な投資だと考えれば、優れた者から先に離れていきます。
上に立つ者には、利にまつわる知恵と判断力が要求されるのです。

『韓非子』ならどうする？ 59

小さな利に惑わず、利を活用してさらに大きな勝利を得よ

10の落とし穴〈後編〉

「十過」の後半5つをご紹介しましょう。
韓非は、「上に立つ者の慢心が大きな失敗につながっていく」としています。

【十過の後編（5つ）】
⑥女性の舞楽に溺れて政治を顧みないと、国を失う
⑦朝廷を離れて遠くに遊び、諫《いさ》める人を無視すると、身に危険が迫る

⑧失敗しながら忠臣の言葉を聞きいれないと、名声を失い笑いものになる
⑨内に自分の力を考えず、外の有力者に依存すると国土を削られる
⑩小国なのに礼を守らず、諫める部下の意見を用いないと、世継ぎが続かない

最初の2つは、君主が仕事以外のものに気をとられる過失です。
少し裕福になり、地位もできると夜遊びが派手になる人がいます。
仕事から離れてリラックスが必要と、趣味に夢中になる人がいます。
これらはいずれも、上に立つ者を転落させる慢心の姿なのです。

残りの3つは、リーダーの傲慢さと客観性の欠如です。
客観的なアドバイスを拒否ばかりして、自分の見方に固執する。
お金と地位を目当てに、誉めたりおだてたりする取り巻きも増えていく。
これでは得た地位や豊かさを失うのも、時間の問題でしょう。

外の有力者に依存することも、現代ビジネスでは起こりがちです。
ある種の権威の信奉者になり、その人ばかりを信じて社内の信頼を失う。
それでは、部下が本気で仕事をしたいとは思わなくなるでしょう。

高い地位を得ると、見える景色が変わります。
その景色に幻惑されて、謙虚さや客観性を失わないようにすべきなのです。

『韓非子』ならどうする？60

酒色に溺れず、仕事の成果から心を離すものを遠ざける

「難病の患者がリーダーを憐れむ」という意味

韓非の指摘は、上に立つ者が陥りやすい罠を示してくれています。
下にいる者からすれば、上司は命令ばかりで気楽に見えるかもしれません。
しかし、実際には、まったく違う重責に直面している立場なのです。

「十過」の指摘をあえて3つにまとめるなら、次のようになるでしょう。

①利のマイナス面を避ける知恵と判断力
②傲慢さを遠ざける規律

③客観性を保持する努力

いずれも、対応を間違えると大きな失敗を生み出す問題です。すべてを失い、世間の笑いものになって社会から消えていく。韓非は、君主の地位について次の言葉を紹介しています。

「諺《ことわざ》に「癩《らい》を病む者が王をあわれむ」と言うのがある。（中略）この諺は、臣下に脅《おびや》かされたり殺されたりして命を失った君主のために言われたのである」

（『韓非子　第一冊』「姦劫弑臣《かんきょうしいしん》」）

癩《らい》とは難病のことを意味します。

「全身が膿《う》んで腫物《はれもの》だらけの者さえ、転落した王を哀れに思う」という意味です。高い地位に上るほど、転落したときの落差はより大きくなるのです。

「癩《らい》を病む者は体じゅう頭のさきまで膿《う》んだはれものだらけではあるが、古い時代では『春秋』に書かれた王たちに比べて、まだ絞殺《こうさつ》されたり太股《ふともも》を射られたりするほどにひどくはない」

（『韓非子　第一冊』「姦劫弑臣」）


上に立つ者は、その地位やお金に群がる者たちにも囲まれます。

部下に指示を出す側の立場が、その人を傲慢にすることもあるでしょう。

あなたが得たモノをすべて奪ってやろうとする者は世界に溢れているのです。

だからこそ、難病の者から憐れみを受けるような転落者には、絶対になってはいけないのです。


『韓非子』ならどうする？

61

上になるほど誘惑は増える。優先順位をより鋭く明確にすること

03

管理能力のないリーダーは転落する

「亡徴編《ぼうちょう》」が語る、国が滅びる47個の前兆とは

この章で取り上げる『韓非子』の「亡徴編」は、まさに歴史からの学びです。
韓非は、自らが生まれた時代にすでに「歴史」だった叡智《えいち》を利用したのです。
『韓非子』の「亡徴編」には、合計で47の蹉跌《さてつ》が描かれています。
これらの条件にある国は、やがて滅びる可能性が高いであろうと。
47の指摘を大きく5つに分類すると、次のようになります。

【亡徴の5つの分類】

①君主自身の傲慢さや不注意
②幹部との関係、人材の扱い
③組織統治の誤りを正さないこと
④外交上の無謀、無知
⑤跡継ぎ、家族の管理不行き届き

滅びる国の徴候は、大別すると右の5つになります。

これを眺めると、あることがわかります。

健全なコントロール（管理）の欠如です。


「自分自身をコントロールできない」

「周囲との関係性をコントロールできない」

「組織をコントロールできない」

「外部との関係をコントロールできない」

「家族・親族をコントロールできない」

と考えることができるからです。

最も項目数が多いのが「君主自身のコントロール欠如」です。
支配力、権力、富にはある意味で、責任と規律が不可欠なのです。
道を踏み外せば、当然のように他者に奪われていく。
リーダーというのは権利ではなく、獲得すべき資格なのです。
君主の道を守ることで保持される、ある種の褒賞なのです。

『韓非子』ならどうする？ 62

自己・他者の管理力を身につけることは、リーダーのすべてである

「亡徴」の1番目「君主自身の傲慢さや不注意が、国を滅ぼす」

韓非はまず、「君主自身の性格やまちがった振る舞いが、国を滅ぼす」としています。
あえて分類すると、4つに分けることができます。

①君主が感情を管理できない
②君主が欲を管理できない

③君主が法令を守ることができない
④君主が上に立つ者としての定石を無視する
順番に韓非の指摘の一部を引用し、解説していきます。

【①君主が感情を管理できない】

上に立つ人物なのに、自分の感情が管理できないという問題です。

「君主がねじけてかたくなで人と和合せず、諫言《かんげん》に逆らって人に勝つことを好み、国家のことを考えないで、軽率な行動で自信たっぷりという場合は、その国は滅びるであろう」
(『韓非子　第一冊』「亡徴」)

人間は自由や気ままさを求めることがあります。
しかし、それは君主の日常ではありません。
感情を管理できない人物は、君主の座から必然的に転がり落ちてしまうのです。

【②君主が欲を管理できない】

欲望は適切に管理すると推進力になり、節操がなければ破滅につながります。

「君主が宮殿や高台や庭の池を好み、車馬・服飾や器物・愛玩具に凝《こ》って、民衆を疲弊させ、財貨を使い果たすという場合は、その国は滅びるであろう」

（『韓非子　第一冊』「亡徴」）

豪華な生活や高級品に目がなければ、それだけ富を浪費して、支配体制を疲弊させます。無駄を抑制できない強欲さは、君主を滅ぼす道につながるのです。

【③君主が法令を守ることができない】

すでに決まっている法令を、君主自ら守らない。

結果として国中の者たちが、法令を軽視してしまう風潮ができる。

これは、君主の傲慢と愚かさが招いた失策です。

「君主が好んでかってな知恵をふるって法をゆがめ、時には公法のなかに私情をすりこませ、法律禁制がよく変わって、政令がたびたび出されるという場合は、その国は滅びるであろう」

（『韓非子　第一冊』「亡徴」）

このような君主の下では、部下も法令を守ることがバカらしくなります。一番上にいるものが、進んでそれを破り、軽視しているのですから。トップが自ら言ったこと、ルールを守らないことは、集団崩壊の最初の一歩なのです。

【④君主が上に立つ者としての定石を無視する】

上に立つ人、リーダーには欠かせない定石があります。チャンスなのに行動せず、危機が迫っているのに対応しないことなど。

「君主が大きな利益を認めながらそれを追求せず、禍いが起こりそうだと聞きながらその備えもせず、戦争防御《ぼうぎょ》のこともなおざりにして、むりに仁義の美名でその身を飾るという場合は、その国は滅びるであろう」

（『韓非子　第一冊』「亡徴」）

必要だとわかっているのに実行できないことも致命的です。


「君主が臆病で自分をつらぬくことができず、先きの見通しは早いが、心は弱くて思いきりが悪く、頭でよいと考えても、決してそれを実行できないという場合は、その国は滅びるであろう」

（『韓非子　第一冊』「亡徴」）


右の『韓非子』の一文は、環境変化への対応の必要性と考えることもできます。

集団が何か大きな変化に直面して、組織が変化をすべきとき、手をこまねいて何も決断できず、何も実行できなければ滅びるしかありません。

国も組織も、生き残るカギはトップ、つまりリーダーの決断と行動にかかっているのです。


『韓非子』ならどうする？

63

必要な変化に対処しながら、自らを律する者こそリーダーである

04

幹部を上手く扱えないリーダーは転落する

「亡徴」の2番目「幹部との関係、人材の扱い」

韓非が指摘した「亡徴」の2番目は「幹部との関係、人材の扱い」です。

君主の近くには、古代であれば大臣たち、現代なら幹部がいます。

彼らは組織の中でも特別な地位にあり、重要な役割を果たしています。

「幹部との関係性」「人材の扱い」、この2つはやり方次第で君主の大きな武器になります。

一方で、間違った方法を正さないと、君主の土台を崩壊させてしまうのです。

幹部との関係で重要なポイントは、「離れさせず」「権力を与えすぎず」です。

離れさせずとは、仕事に全精力を傾けるように仕向けることです。
権力を与えすぎずとは、組織の中で個人的な権勢を作らせないこと。

幹部と人材は、君主を支える手足とも言えます。
手足がいうことを聞かず、勝手に動くとあなたはまったく機能できません。
優秀な手足を見つけても、成果に集中させないのは逆効果です。
彼らを適切に管理できるなら、最高の成果を生み出してくれるのです。

『韓非子』ならどうする？ 64

幹部を仕事に集中させるほど、君主の成功は大きくなる

幹部には、私的な権力を作らせない

組織では、幹部が私的な権力を持つことが珍しくありません。
１９９０年代、世界的企業ＩＢＭで改革を成功させたＣＥＯのルイス・ガースナー。
彼は就任後、世界全体のＩＢＭ社員向けにメールでメッセージを送信しました。

しかし、欧州の責任者が、自分に都合の悪いメールの送信を止めていたことが発覚したのです。

「『このメッセージは、わたしの部下には不適切だ。それに翻訳がむずかしい』。翌日、わたしはこの責任者をアーモンクに呼んだ。そして、社員は彼のものではないこと、全社員がＩＢＭに属していることを説明し、今後わたしからのメールを妨害しないように言い渡した」

（『巨象も踊る』）

リーダーが無関心だと、幹部は私的な権力をどんどん強めていくのです。

韓非の時代も、組織内で幹部が過剰な権力を得ることを強く警戒しました。

「軍の派遣にあたって将軍に与える権力が重すぎ、辺境の守りにあたって長官に与える権勢が強すぎ、そのため勝手に裁断して命令を出し、すぐさま行動を起こして君主の指示を仰ごうともしないという場合は、その国は滅びるであろう」

（『韓非子　第一冊』「亡徴」）

誰の最終決裁を仰ぐべきか、部下が迷うようではいけません。
一つの国で、異なる権力が併存することは混乱を招くからです。
一方で、君主の権力があっても効果的に幹部を動かせないのも問題です。

「君主が怒りを抱きながら外には出さず、臣下の罪状を明らかにしておきながら罰しないでいると、群臣は蔭で君主を憎みながらいよいよ恐れおののくことになり、そうしていつまでも成りゆきがわからないという場合は、その国は滅びるであろう」

（『韓非子　第一冊』「亡徴」）

みなトップを恐れて敬意を抱いても、どう動けば評価されるのかわからない。
これでは、君主の威厳があっても、よい成果に結びつかないのです。
優れた君主は、幹部を必要な方向に動かし、仕事に集中させることができます。

幹部に私的な権力を作らせず、正しく仕事に集中させることが成果への道なのです。

『韓非子』ならどうする？ 65

幹部を脇道にそらさず、よい評価の基準は必ず明示しておく

生え抜きの人間を、できるかぎり昇進させる

人材の評価、起用、育成、管理は上に立つ者の重要任務です。

その中でも、「正しい者が評価されているか否かが重要だ」と韓非は言います。

「新参の臣が昇進して、古くからいる者が退けられ、愚か者が事をきりまわして、すぐれた者は身を隠し、功績のない者が高い位について、苦労をした者は身分が低い。そのようであれば、下々《しもじも》の臣民は怨みを持つ。下々が怨みを持つという場合は、その国は滅びるであろう」

（『韓非子 第一冊』「亡徴」）

外部の人間をやたらと重宝《ちょうほう》することも、部下のやる気を失わせます。

「国内のすぐれた人材は使わないで、外国の士人を求め、実際の功績によって能力を調べないで、評判によって進退することを好み、外来の寄寓者《きぐうしゃ》がずばぬけた栄達をして古い臣下をしのぐという場合は、その国は滅びるであろう」

（『韓非子　第一冊』「亡徴」）

コンサルタントや外部の権威、専門家を、やたらに高く評価するのも問題でしょう。実際に現場で課題に直面し、乗り越えるのは、あくまで社内の人間だからです。外部の人間を優遇しすぎれば、社内の人間はシラケてしまうでしょう。

韓非は、君主が特定の人物だけを頼りにする弊害も指摘しています。

「君主が人の意見を聞くのにその爵位の高下に従い、（中略）事実をあれこれとつき合わせて調べることをせず、一人の臣だけを重く用いてそれだけを情報の入口とするという場合は、その国は滅びるであろう」

（『韓非子　第一冊』「亡徴」）

いずれも、本来なら実力を発揮してくれるはずの者が、やる気を失う行為です。
このようなマイナスを放置するリーダーは、やがて頼りになる者がいなくなるのです。

『韓非子』ならどうする？ 66

生え抜きを昇進させ、内部の貢献者にやる気を与えていく

矢面に立ち、責任を果たす仕事をした者を昇進させせよ

古代の中国では、農耕者と兵士は国を支える者とされました。
誰もが嫌がる仕事ながら、不可欠な役割だったからです。

「君主の倉は空《から》で大臣の倉は満ち、土着の民は貧しくて外来の流れ者が富み、農耕と戦争にあたる人は困窮して、商工に従事する民は利益を得るという場合は、その国は滅びるであろう」

（『韓非子　第一冊』「亡徴」）

現代ビジネスでも同じことが言えます。
会社の中で上手く立ち回ることで、利益や地位を得られるなら。
矢面に立ち、責任ある仕事を引き受ける者がいなくなります。

組織統治の基本は、評価されるべき者を正しく評価することです。
逆にやってはいけないことは、功績のない者に多くを与えることです。
会社の成長や存続に、本当に貢献した者は誰なのか。
それがわからない組織のトップは、やはりその地位を失っていくのでしょう。

『韓非子』ならどうする？67

矢面に立ち責任を果たした者、本当に貢献した者を優遇する

05

情報のウラを取らず、事実を基準としないリーダーは転落する

部下の言葉をうのみにする危険性

「ハローキティ」のキャラクターで世界的に有名なサンリオ。

同社の常務取締役などを歴任した鳩山玲人《はとやまれひと》氏は著書『世界の壁は高くない』で、「海外事業を行うとき、人を過剰に信じてはいけない」と指摘しています（鳩山氏は海外ライセンス事業を拡大して、同社の過去最高益に大きく貢献した人物）。

海外現地法人の不正の例として。

現地法人から理屈に合わない数字が報告され始め、疑うものの、海外法人のトップから「自分たちを信頼していないのか」と声があがります。

そのため、監査を派遣せずその状態は続いてしまいます。

「しかし、数年経ってもその状態が改善されず、現地のトップが海外出張で不在中に、弁護士や会計士と現場に踏み込み、従業員にインタビューしたり、書類を確認したところ、結果、事務所ぐるみで報告書に虚偽の数字を記載していた事実が発覚したそうです」

（『世界の壁は高くない』）

鳩山氏は、その他にも次のような悪事の紹介をしています。

「よくわからない金額がよくわからない名目でよくわからないスイスや香港の口座に支払われていた。会社の資産の車やオートバイが盗難にあったといいながら、実は売却されていた、わざと訴訟を引き起こし、その仲介をするといいながら、裏でその糸を引き、私腹を肥やす等、そうした例は枚挙にいとまがありません」

（『世界の壁は高くない』）

これらは、状況に気づいたらすぐに確認すべきことでした。
海外事業に限らず、相手の言葉をうのみにして確認しないことはリスクなのです。根拠もなく人を信じて、バカを見る。これは優れたビジネス人の道ではありません。

『韓非子』ならどうする? 68

意味もなく信じる者はバカを見る。人の言葉はウラを取る

相手の言葉のウラを取るのを習慣とすれば、悪事は止まる

韓非は、性悪説を取った荀子《じゅんし》の弟子でもあります。
「人は悪事もはたらく」という立場から現実的な対処を提言しています。

「君主が臣下の悪事を止めたいと思えば、臣下の実績と名目とをつきあわせてよく調べよ、というのは、その進言したことばと実際に行なった仕事とのことである」

(『韓非子　第一冊』「二柄《にへい》」)

言葉は言葉として受け止め、事実は必ず（常に）確認をしっかり行う。

この習慣をリーダーが身につけていると、周囲は騙そうとする気をなくします。

ある意味、言葉をそのまま信じてしまうリーダーが、相手のウソを生み出しているのです。

また、悪事を止めるには、事実を必ず評価の根拠とすることも大切です。

「現実はこうだから」、そのような言い訳は通用しないとするべきなのです。


「上にいる者が目で見わけようとすると、下々ではうわべの見せかけを飾りたて、上にいる者が耳で聞きわけようとすると、下々では聞こえよくつくろい、上にいる者が頭で考えようとすると、下々は弁舌をまくしたてる」（『韓非子　第一冊』「有度《ゆうど》」）


常に事実を基に判断を下されるとわかれば、言い訳もうわべもつくろえません。

相手のウソを封じるには、リーダーの「情報・事実を確認する習慣」が特効薬なのです。

『韓非子』ならどうする？ 69

気持ちの問題にさせず、事実・現実に立脚して判断を下す

ウソや不正が、逃げていく人間になる大切さ

韓非は、相手がウソをつかない状況を「こちらから作る」大切さを述べています。

「人々が愛情にもとづいてこちらのために働くのを頼みとするのは、危険である。こちらのために働かずにはおれない方法をこちらで備えてそれを頼みとするのが、安全である」

（『韓非子 第一冊』「姦劫弑臣」）

不正やウソを恐れるのではなく、それらが逃げていく状況を自分で作るのです。

「民衆はやがて罪を犯せば必ず罰せられると悟り、悪事を密告する者も多くなっ

た。そこで民衆のあいだで罪を犯すものはなくなり、刑罰も適用することがなくなった」

（『韓非子　第一冊』「姦劫弑臣」）


一人の社員のウソが見抜かれると、その情況を周囲は必ず見ています。ウソを確認して見破るリーダーの行動が、次の不正を防ぐ力になるわけです。

お金の管理も同じです。

店舗であれば、閉店時に必ず現金残高を確認し、1円でも齟齬《そご》があれば報告される。金銭の問題は、どれほど金額が小さくとも、必ずリーダーに報告される。リーダーが、お金の問題を常に細かくチェックしている。

このような体勢になれば、相手はお金の問題を引き起こす意図をまず失うのですから。


『韓非子』ならどうする？

70

相手が騙せない自分、暴利をむさぼれない自分になること

君主が知ることに貪欲ならば、不祥事、失敗、非効率は消える

君主の知る力は、臣下の行動を正反対の方向に変える影響を持ちます。知る力を持つリーダーの前では、正直さが得になるからです。

「君と臣との利益は違っている。だから人臣には本当の忠義なものはなく、だから臣の利益が成り立つと君の利益はなくなるのである。こうしたわけで、姦臣《かんしん》は敵の軍をさそいこんで国内の邪魔ものを除き、外国の事件をひき起こして君主の目をくらまし、自分の利益にさえなれば、国の害などはふりかえりもしない」

（『韓非子　第二冊』「内儲説　下」）

逆に、いくらでも騙せるリーダーの前では、部下は詐欺師にさえなるでしょう。現在の相場を知る、他社のサービスを知る、付加価値の幅を知る。すべて、知ることに敏感な者だからこそ、騙されない状況を作れるのです。君主になる人は、もっと知る力を高めるべきでしょう。

何を知るのか、自国のことを、周囲のことを、部下のことを、競合のことを。事実を追求する力が、君主の周囲の者を正直者に変えるのです。知ることに誰より貪欲でなければ、あなたは君主でいる資格がないのです。

『韓非子』ならどうする？
71

君主が確認する力を高め続けることが、組織の不祥事を未然に防ぐ

第5章

部下のやる気を潰す上司、やる気を3倍に高める上司の違い

01

相手のやる気を高める、人を動かす評価の秘密

崩壊する組織は、重要でないことばかり評価している

書籍『なぜ、わかっていても実行できないのか』は、間違った評価方法が野放しにされることで、企業が混乱していると指摘しています。

「評価方法がじゃまをして、知識を実行できないことがある。評価のシステムが不適切だったり、やたらに複雑だったりすると、もっとやっかいな障壁になる。私たちの調査でも、評価のやり方一つで、組織が混乱した例は数えきれないほど見られた」

（『なぜ、わかっていても実行できないのか』）

顧客満足度や品質第一を掲げながら、短期的な利益をむしろ優先した場合など、相反する評価軸があるとき、社内は混乱から一貫性を失います。

『なぜ、わかっていても実行できないのか』では、混乱する会社の特徴を次のように端的に表現しています。

「重要でないことばかり評価している」

成果とまったく関係ない評価軸が幅を利かせて、組織が人のやる気を奪う。

韓非《かんぴ》は、この事象を次の例から解説しています。

「敵を防ぐためには兵卒を頼みとしながら、一方では学問の士を貴んでいる。お上を敬って法を貴ぶ民衆をかまわないでおいて、一方で遊侠《ゆうきょう》や刺客《しかく》の類を養っている。このようなことをしていたのでは、国家が治まって強くなることなどできるはずもない」

（『韓非子　第四冊』「五蠹《ごと》」）

「ふだん利益を与えている者は実際に働く者ではなく、実際に働く者はふだん利益を与えている者ではないのである。そこで、実際の仕事に当たる者はその仕事を投げやりにし、遊侠や学者が日に日に多くなる。これこそ世の乱れる本《もと》である」

（『韓非子　第四冊』「五蠹」）

リーダーが部下を評価する方法の良否。
これが組織全体の実行力を左右し、参加者全員のやる気を変えてしまうのです。

『韓非子』ならどうする？72

重要業務を明確化して、実行している者に厚く報いること

『韓非子』で描かれた、蔓延《まんえん》している2つの間違い

韓非は、組織が機能不全になる最大の要因は2つだと繰り返します。

【組織が機能不全を起こす2大要因】

①働いていない者、不正をする者が利益を得ること
②正しい指摘をする者、きちんと働く者が損をすること

魏《ぎ》の西門豹《せいもんひょう》という人物は、誠実・勤勉・無私にある都市を統治しました。
しかし、王の側近に冷淡だったので、職をはく奪された故事を韓非は紹介しています。

「昨年、わたくしは殿のおためになるように鄴《ぎょう》を治めたのですが、殿にはわたくしの官印を取りあげられました。今年はわたくし、殿の側近のためになるように鄴を治めましたが、それで殿にはわたくしにお辞儀をなされました。わたくしにはとても治めることはできません」

（『韓非子　第三冊』「外儲説《がいちょぜい》　左下」）

組織の歪みから、正しく働く者が冷遇され、誹謗中傷《ひぼうちゅうしょう》さえ受ける。
組織の中で権力者におもねる者が、優秀な者だと偽って評価されていく。
これでは目標達成どころか、人びとはまともに働く気をなくすでしょう。

だからこそ、韓非は「間違った評価が組織や集団の実行力を破壊する」としたのです。

『韓非子』ならどうする？ 73

正しい者が評価され得をすると、組織は急に機能し始める

リーダーが、人に「実行させる」ため、最初にすべきこと

書籍『経営は「実行」』には、リーダーがとるべき7つの行動が示されています。

【リーダーがとるべき7つの行動】

①自社の人材や事業を知る
②常に現実を直視するよう求める
③明確な目標を設定し、優先順位をはっきりさせる
④最後までフォローする
⑤成果を上げた者に報いる
⑥社員の能力を伸ばす

⑦己を知る

これらはある意味、現代のリーダーにも当たり前の項目かもしれません。
しかし、それならばリーダーは自在に人と組織を動かせているか？
「自社の人材や事業を知る」ことは、何を行ったら評価すべきかを決定します。
「成果を上げた者に報いる」は、韓非が一番多く繰り返した点です。
古代中国では有効な政治も軍事も、時代とともに変化しました。
現代ビジネスも、5年前と現在では成長事業は異なります。
変化の激しい時代だからこそ、注意すべきことがあります。
それは「次の飛躍のために何を評価するか」を定期的に見直すことです。
そのために、「自社の事業の今に精通する」ことが、大切になるのです。

『韓非子』ならどうする？74

自社の事業を精密に理解して、将来への評価軸に切り替える

あらゆる実行の基本は、「部下を詳しく知ること」

韓非は、君主が組織を正しく動かす秘訣をどう考えていたか。

3人の王がそれぞれ、異なる課題を持っていたとき、どんな対策が有効だったか。

『韓非子』の「難三編《なんさん》」で、3人の王に共通した指摘を求めたとき、彼はたった一つ、「下々《しもじも》を知れ」を挙げています。

「下々のことがよくわかっていると物を見る目はくわしくはっきりし、物を見る目がくわしくはっきりすると賞罰も正しく行なわれ、賞罰が正しく行なわれると国も貧乏ではなくなってくる。（中略）そこで、一つの答えで三人の公がともに災いをまぬかれるというのは、「下々を知れ」という言葉だ、と言うのである」

（『韓非子　第三冊』「難三」）

部下が現在、どんな仕事をしているのか。

その仕事は、成果にどのように関係しているのか、いないのか。

これらを精密に理解すれば、リーダーの問題は多くが解決してしまう。
明日から自らのリーダーシップを改革したいのならば。
その第一歩は、部下の仕事を精密に理解することから始めるのです。
その仕事の意義、成果や結果への関連性はあるのか否か。
部下の仕事の中の、何を褒めて何を叱れば、成果が増えるのか。
韓非は、「リーダーシップの第一は、下々を知ることだ」と喝破《かっぱ》しました。
君主自身が、まず部下をより精緻に理解することが、成果を変えるのです。

『韓非子』ならどうする？
75

成果を上げて組織を動かすために、部下を精緻に観察せよ

02

人の評価で失敗しない方法

5つの方法で、部下の評価を間違えない

「部下は必ず上司に媚《こび》を売る」と韓非は言います。

身もフタもない話ですが、現実の社会を的確にとらえています。

「すべて、邪悪な臣下というものは、みな君主の心に迎合し、それによって君主に信頼され寵愛《ちょうあい》される状態を獲得しようと願うものである。そこで、君主のお気に入りの者がいると、臣下は追従《ついしょう》してそれをほめそやし、君主の憎む者がいると、臣下はここぞとばかり悪口をいうのである」

（『韓非子　第一冊』「姦劫弑臣《かんきょうしいしん》」）

結果、あなたのチームはどうなるか。
実力派集団ではなく、媚を売る名人の集まりになるのです。
媚を売ることばかりの集団が、いざというとき役立つはずがありません。

しかもこの集団を形成したのは、ほかならぬあなた自身なのです。
媚を売り、ゴマをする者ばかりを引き立ててきたのですから。
韓非は、人物評価の5つの落とし穴を記述しています。

【『韓非子』が指摘する、上に立つ者の5つの誤り】（『韓非子　第一冊』「有度《ゆうど》」参照）

①周囲の評判のみで、特定の部下の抜擢や降格をすること
②常に特定の人物に、あらゆる相談をすること
③徒党や派閥を組むことを許すこと
④上の者に脅しをかける立場を作らせること
⑤賞罰の基準、人事評価の基準を明文化していないこと

周囲の評価や声だけで、人の抜擢や降格をする弊害は何か。
部下が互いに褒め合い、謀議《ぼうぎ》して特定の者を貶《おとし》めて人事に介入しようとすること。

『韓非子』ならどうする？76

媚を評価すれば媚を集め、成果を評価すれば成果が集まる

特定の人物にあらゆることを相談する弊害は何か。

部下が次第にあなたではなく、相談者の顔色をうかがうようになること。

徒党を組むことで有利な社内政治ができることの弊害は何か。

仕事の成果よりも、徒党や派閥を作り、勢力争いに社員が夢中になること。

特定の重要業務をある一人に独占させる弊害は何か。

「私がいなければこれは回りません」と上司を脅《おど》すことができるようになること。

人事評価や賞罰の基準を明確化しない弊害は何か。

部下は昇進を目指して上司におもねり、顔色をうかがうことに精力を集中すること。


5つの弊害を見ると、あることがわかります。

上に立つ者が、自分に心地よいようにしている結果の失敗ということです。

上をちやほやする部下が欲しいのか、成果を出してくる部下が欲しいのか。

韓非は、「人間心理の原則を知らない者が上に立てば、自ら墓穴を掘る」と警告しているのです。

【組織が機能不全を起こす２大要因】

① 働いていない者、不正をする者が利益を得ること

② 正しい指摘をする者、きちんと働く者が損をすること

『韓非子』【姦劫弑臣】より

**すべて、邪悪な臣下というものは、
みな君主の心に迎合し、
それによって君主に信頼され
寵愛される状態を維持しようと願う**

【リーダーの避けるべき５つの誤り】

① 周囲の評判のみで部下の抜擢や降格をすること

② 常に特定の人物に、あらゆる相談をすること

③ 徒党や派閥を組むことを許すこと

④ 上の者に脅しをかける立場を作らせること

⑤ 賞罰の基準、人事評価の基準を明確化していないこと

派閥や徒党を作らせると、ろくなことが起こらない

「5つの誤り」で、特に重要な点は派閥や徒党を組ませないことです。

「もし党派が強いからといってそれで官吏を登用したりすると、人民はかってな交際（で党派を作ること）に努めて、法のもとで働くことを求めなくなるだろう。（中略）臣下が君主のことを忘れて外むけの交際につとめ、自分たちの党派を推挙するようになると、下々《しもじも》のものもお上《かみ》のために働こうとする気持ちは薄くなる」

（『韓非子　第一冊』「有度《ゆうど》」）

派閥に参加する、徒党を増やすと有利とわかると、どうなるか。

部下たちは仕事よりも、派閥や徒党を作ることに夢中になってしまうのです。より楽に出世ができて、有利な立場になれるからです。

仕事で成果を出すより、派閥活動を好むようになっていく。

日本の政治はまさに、派閥・党利党略が最優先されています。
ビジネス組織も同じです。
巨大企業の中には、厳然として派閥があるケースがあります。
そのような会社では、派閥に入らないだけで優秀な者も排斥されます。
多数派に入るだけで、人事評価が有利になったりするのです。
そのような会社からは、やがて優秀な人材は逃げていくでしょう。

『韓非子』ならどうする？
77

派閥の影響を許すと、仕事ではなく派閥作りに熱中する

自分より、上の人の評価法も変えていく

人の評価とは、自分の下に限りません。
自分より上の人の評価の成否も、人生に非常に大きく影響します。

「世俗の人々が成功を望みながらかえって失敗をするというのは、事物の道理がわからないくせに、進んで知っている人にたずね、有能な人に聞こうとはしないから、そうなるのだ」

（『韓非子　第二冊』「解老《かいろう》」）

「世俗の人々が進んで知っている人にたずね、有能な人に聞こうとはしないのに、聖人がむりにその落ち度をひろいあげて責めたてると、人々は怨むことになる」

（『韓非子　第二冊』「解老」）

プライドばかり高く能力が追い付かない人は、どんな特徴があるか。
それは、自分より優れた人に謙虚になれず、進んで教えを乞わないことです。
このような人が上に立てば、組織の限界はその人の限界です。
失敗続きなのに、成功している人に敬意を払うことがない。

あれは違うのだと、自分をごまかしてプライドばかりを守りたがる。
このような人は、自分よりデキる人から一切学ぶことができません。
これでは、失敗ばかりで人生を終えて当然です。

冷静に、自分より成功している人を評価してみましょう。
私たちよりはるかに豊かで、賢く、充実した人間関係を持っているはずです。
「自分より優れている」と、相手を認めたら、新たな学びが始まります。
ちっぽけなプライドは、リーダーの成長を妨げる最大の落とし穴です。
捨てることで、自分より上の人の力を、やっと正しく評価できるのです。

『韓非子』ならどうする？
78

自分より優れた人の評価を改めると、成長を急加速できる

03

役に立たない者、無意味な行動を見抜く方法

あとから出てくる批評家は、一切役に立たない

批評家は世の中に大勢いるものです。

しかし、歴史を研究し続けた韓非から見れば、この種の批評家は一切役立たずです。現実的な組織論では、失敗を未然に防いだか否かだけが意味を持つからです。

「智伯《ちはく》のために趙 襄子《ちょうじょうし》への復讐をとげようとした。これは、体を傷つけ命を投げ出して主君のために尽くしたという名声はあがったけれども、実は智伯にとっては（後《あと》のまつりで）ほんの僅かの利益にもならなかった。これこそ私の軽蔑す

ることである」

（『韓非子　第一冊』「姦劫弑臣」）

古代中国の晋《しん》で、予譲《よじょう》という者が智伯の家来になったときのことです。他国の計略で主君の智伯は命を落とし、予譲は敵討ちに人生のすべてをかけます。予譲は「主君のために尽くした」という名声をあげました。

しかし、「それは本当に正しい姿なのか」と韓非は疑問を投げかけます。

本当に有能な家来なら、君主の間違いを先に諫《いさ》めて憤死を防ぐはずです。本当に知恵のある者なら、災いが起こる前に対策を実行するはずなのです。

リーダーは、したり顔であとから鋭い批評をする者を評価すべきではありません。決定的な失敗を未然に防ぐ者だけが、現実の中では評価すべき人材なのですから。

『韓非子』ならどうする？79

批評家は役に立たない。実際に悲劇を防いだ者のみ評価せよ

清廉潔白でありさえすればいいのか?

清廉潔白であることも評価される資質の一つです。
しかし、韓非はその資質にも疑問を投げかけます。

「むかし、伯夷《はくい》と叔斉《しゅくせい》という兄弟がいて、周《しゅう》の武王《ぶおう》が天下を譲り与えようとしたのにそれを受けとらず、二人とも首陽山で飢え死にした。(中略)罰で威《おど》して禁止することもできないし、賞で誘《さそ》って働かせることもできない。こうした人物を無益の臣というのである」

(『韓非子 第一冊』「姦劫弑臣」)

強欲で道を踏み外すのは論外です。
しかし、健全な欲がないと人は動かすことができない。
欲は成功したい、あるいは利益のために能動的になれることを意味します。
無欲であることは、動力が弱いことでもあるのです。

悪いことを行わないことも、重要な資質ではあります。
しかし、悪いことをしないだけで、会社や社会に貢献しないならばどうなのか。
このような人材は、新たな打開策や次の成長を実現する役には立ちません。
韓非にとって、人の良し悪しとは、どんな結果を生み出しているかです。
優れたリーダーは、人物評価で、常に実利的な結果を見なければなりません。
表面的な人望が、現実的にはプラスの貢献にならないことも多いからです。
巷にあふれる理想論が、必ずしも役立つ人物を意味するとは限らないのです。

『韓非子』ならどうする？ 80

人物の評価は、空論ではなく、あくまで貢献の中身で行う

あらゆるものには、正反対の評価になる場所がある

「誉めることが重要だ」と言う専門家もいれば、「厳しさが部下のため」と言う人もいます。
多くのリーダーが悩む問題について、韓非は２０００年以上前に喝破していました。

「政治のわからぬ者は、きまって「古いことは変えてはいけない。なれたことは改めてはいけない」というが、聖人は変えるとか変えないとかには耳を貸さず、ただ安定した治国を目ざすばかりである」

（『韓非子　第一冊』「南面《なんめん》」）

「古いことを変えないとか、なれたことを改めないというのは、その古いことやなれたことが現在にとって果たしてよいことか悪いことかということを規準とすべきものである」

（『韓非子　第一冊』「南面」）

「変えること」「不変であること」、どちらがよいかという議論。
実はそれ自体が、ある種の愚かさを象徴していると韓非は教えているのです。
使い方、時と場所によって、あらゆるものは正反対の効果をもたらすからです。
誉めることは甘やかすことになり、厳しさは相手の気持ちを落ち込ませる。

誉めること、厳しさが善か悪かは、情況と使い方が決めるのです。
思慮の浅い者は、この点を理解せず、「道具の良し悪し」を求めてしまうのです。
愚かなリーダーは、変えるべきことを変えず、変えるべきでないことを変えてしまう。
優れたリーダーは逆に、変えるべきことを変え、不変であるべきものを守るのです。
別の表現をするなら、道具の使い方にその人の賢愚《けんぐ》が表れているのです。

「「小知の者には事業を画策させることはできないし、小忠の者には法をあつかわせることはできない」と言うのである」
（『韓非子　第一冊』「飾邪《しょくじゃ》」）

愚かなリーダーが道具の選定に夢中のとき、優れたリーダーは別のことをしています。
どんなときに最大の効果があるか、最適なときと場所を自分の頭で考えているのです。

『韓非子』ならどうする？81

部下は、相応しい場所に置いて、相応しいものさしで評価する

第6章

集団にパワーを生み出す
イノベーションの正体

01

集団にパワーを与える変革を生み出す

上に立つ者は、自分の長所を活かすだけではダメ

「強みを活かせ」とよく言われます。
ビジネスシーンで、特定の強みや技能は心強いものです。
しかし、リーダーは、自分の強みや得意なことのみではダメなのです。

「君主が自分の長所として意識するところがあると、万事につりあいがとれない。気位《きぐらい》が高くて自分の才能を頼みにしていると、臣下がつけこんで欺《だま》すことになる」

（『韓非子　第一冊』「揚搉《ようけん》」）

韓非《かんぴ》は、「上に立つ者は、自分の長所ばかり考えるな」と語ります。
自分の強みを起点として、世界を理解してしまうからです。
視点と判断基準が、リーダーの強みに固執することで歪んでしまう。
自分が得意だからと、部下がすべきことを横取りする行動にまで及ぶ。
すると部下もチームも、その部分の力を伸ばすことをしなくなります。

「上の者と下の者とがその行為をとりかえるようなことをすると、そこで国が乱れるのだ」
（『韓非子　第一冊』「揚搉」）

トップが自分の強みばかりに集中すると、組織の長所が奪われるのです。
リーダーは自分を捨て「組織全体のレベルを上げる」ことを優先すべきなのです。

『韓非子』
なら
どうする？
82

リーダーの、判断基準の刷新こそが最初のイノベーション

優れたトップと愚かなトップ、その好き嫌いは真逆である

上に立つ者として優れた資質を育てるには、どうすればよいか。
韓非は、「個人的な好みを捨てることも必要だ」と指摘します。
個人の好き嫌いが、リーダーとしての好き嫌いとずれていることがあるのです。

「愚かな者でも、もちろん治まることは望むのだが、その治まるための方法を嫌う。みな危険になることは嫌うのだが、その危険になるような方法を喜ぶ」

（『韓非子　第一冊』「姦劫弑臣《かんきょうしいしん》」）

優れた者、愚かな者も同じよい目標の達成を望みます。
しかし、両者には明確な違いがあると韓非は断言します。
優れたリーダーは、目標を達成できる方法を受け入れます。
一方で、愚かなリーダーは自分の好みで方法を選び、失敗するのです。
愚かなリーダーと優れたリーダーでは、選ぶ方法が真逆なのです。

「どうして、そのことがわかるか。そもそも厳刑重罰というものは、民衆の嫌いなものであるが、しかし国家はそれによってよく治まるのである」

（『韓非子　第一冊』「姦劫弑臣」）

規律・自己管理・厳しさ・目指すべきレベル。

民衆から見たら嫌いなものが、上に立つ者には不可欠なことがあります。

達成のためのあらゆる方法が、リーダーの優劣で違います。

過去の自分を捨て、リーダーとして高いレベルを目指すことができるか。

「優れたリーダー」の視点から、個人を捨て優れた手段に目を開くべきなのです。

『韓非子』ならどうする？
83

望む結果が出ていないときは、手段をまず切り替えてみる

理想のリーダーになるために、自分を捨てる覚悟が必要

部下と上司では、必要な技能や意識が違います。

支配される側と、支配する側では必要な手段が違います。

率いられる側と、率いる側では目標や指導の仕方も違います。

同様に、凡庸《ぼんよう》なリーダーと突出したリーダーも違うのです。

自らの凡庸さを捨て、突出したリーダーのレベルに立つにはどうするか。

今の自分にある、こだわりや執着を一度捨てる必要があるのです。

自分の視点を捨てることで、世界の可能性を自分が手にできる。

自分のやり方にこだわると、世界の可能性から閉ざされることになるのです。

韓非は、「優れて人の上に立つ者は、自分の愚かさを捨てるべき」としています。

自分の偏狭《へんきょう》さを捨て、世界の無限の可能性に目を開く。

自分のベストではなく、突出したリーダーの当たり前に到達する。

古代の帝王・始皇帝《しこうてい》のように、至高《しこう》を当然として歩むのです。

『韓非子』ならどうする？ 84

世界の可能性を、組織のチャンスにできる指導者になる

02

『韓非子』の革新論、賢者は自ら変化する

知者は、古い手押し車には乗らない

『韓非子』は帝王のための、支配の書だと言われます。
しかし、意外にも「自己革新」に関する提言が多いのです。
新たな時代に直面したら、古い方法を捨てる重要性が繰り返されています。

「古人は徳につとめたが、中世では知謀についてせりあい、今の時代では武力で争っている。古代では事は少なくて、それだけに備えも簡略、すべて素朴でぶざまで、手のこんだものはなかった。だから蛤《はまぐり》のからを利用した鋤《すき》や手押し車が

使われていた」

（『韓非子　第四冊』「八説《はっせつ》」）

過去に正しかったこと、社会通念は、時代の変化で通用しなくなるのです。

「事の多い時代におりながら、事の少なかった時代の道具を使うのは、知者としての備え方ではない。烈《はげ》しい争いの時代だというのに、譲りあいのきまりに従っているのは、聖人としての政治ではない。だから、知者は古い手押し車には乗らないし、聖人も手押しの政治は行なわないのである」

（『韓非子　第四冊』「八説」）

現代ビジネスも、まさに同じことが言えます。
競争環境が変わり、人口動態も変わり、社会の常識さえ変化を続けていく。
今の時代は、情報を囲い込むことができず、すぐに比較検討されてしまう。
その【比較検討の時代】【情報化の時代】を活かした企業が勝ち組になっていく。
世界の時価総額ランキングは、その意味で世相を映し出す鏡の一つだと言えます。

『韓非子』【八説】より

事の多い時代におりながら、
事の少なかった時代の道具を使うのは
知者としての備え方ではない。
知者は古い手押し車には乗らないのだ

↓

【時代の変化で効果的な行動は切り替わる】
① 比較検討の時代は、競争をしなくて済む立場が重要
② 情報化の時代は、情報で人を動かせる者が優位に

【時代の革新を象徴する３つの存在】

【新しい形で成功し始めた者】
時代の変化を
代弁する者に
注目して学ぶこと

【多数派の行動】
大衆は建前では
行動しない。
多数派のリアルな
行動は時代を示す

【手にする成果】
努力しても成果を
出せない事業は、
時代から
取り残されている

政治も経済も、個人の働き方や人生の選択も、時代に応じて正解は変わる。優れた君主ほど、新時代に、古代の手押し車を押すようなことはしないのです。

『韓非子』ならどうする？
85

時代の転換点では、新たな正解がすでに出現していると知る

新たな形で成功している人物を見よ

私たちは、古い権威に従いやすく、新参者《しんざんもの》を見くびる傾向があります。新たな成功者を妬む気持ちなどが、この傾向を生み出すのでしょう。しかし、それは自己革新を目指す君主のあるべき姿ではありません。

「いま尭《ぎょう》・舜《しゅん》・禹《う》や湯王《とうおう》・武王《ぶおう》たちの道を、今の時代にも通用するとして賛美する者がいるとしたら、きっと新しい聖人に笑いものにされるであろう。それゆえ、聖人は古いことなら何でもよいなどとは考えず、一定不変の規準などというもの

にも従わない」

（『韓非子　第四冊』「五蠹《ごと》」）

昨日まで二流、三流と見ていた企業が台頭してきたとき、私たちは、その成功を小さく評価して、時代の変化を拒否しがちです。

昨日まで二流、三流と見ていた人、国が繁栄や飛躍を始めたときも同じです。

しかし、彼らは時代に合わせて成功の階段を上り、輝き始めているのです。

その輝きを無視することは、こちらが光を失うことにつながってしまいます。

韓非は、「古い方法ばかり賛美する者は、新たな聖人に笑われる」としています。

新時代の変化を知る者からすれば、それらは滑稽《こっけい》な時代遅れの執着だからです。

『韓非子』ならどうする？86

新しく台頭する成功者を妬まず、注目して積極的に学ぶこと

多数派の考えと行動こそが、新時代のスタンダード

新しい時代になると、人間自体も、時代に応じて行動を変えます。人の変化をみるキーワードは「あるべき論」ではなく、現実の姿です。

「民衆というものは、もともと権勢には服従しても、正義に従うことのできるものは少ない。孔子《こうし》は天下の聖人である。その行ないを修め道徳を明らかにして広い世界をめぐり歩き、世界じゅうがその仁愛の徳を歓迎し、その正義を賛美したが、しかも孔子の門人となってつき従ったものは、わずかに七十人であった」

（『韓非子　第四冊』「五蠹」）

孔子は、天下の賢者で慈愛の人として有名でした。
孔子は、君主の徳と仁で社会を治めることを理想としていた人物です。
しかし、彼の思想は理想主義的ゆえに、現実社会では機能しなかったのです。

「魯《ろ》の哀公《あいこう》は君主としては下等であったが、国君として南面すると、領内の民はすべて臣下として従った。民衆というものは、もともと権勢に服従する。権勢こそはまことにたやすく人を服従させるものだ。だから、すぐれた孔子がかえって臣下となり、凡庸《ぼんよう》な哀公がかえって君主となった」

（『韓非子　第四冊』「五蠹」）

韓非の指摘は鋭く辛辣です。

天下に認められた孔子ほどの人物でも、現実的でなければ人を動かせないのです。

一方で、韓非が孔子よりランクが下だとした哀公はどうだったのか。

彼は君主の地位を得たために、その瞬間から国中の者が彼の命令を聞いたのです。

人間は感情として理想論を愛しながらも、実利と恐れで行動します。

同様に、人はこうあるべきだという理論も、現実の姿には勝てないのです。

『韓非子』ならどうする？ 87

理想論やあるべき論よりも、現実の大衆行動を追いかける

賢者は、伝統ではなく効果や成果に焦点を合わせる

学問や学びは、常に必要なことだとされています。
しかし、それは「形骸化」、つまり形になった時点で古びていくのです。

「王寿《おうじゅ》は書物を背負って旅をし、周にゆく道で徐馮《じょひょう》と出あった。徐馮が言うには、「事業とは人の行為である。行為はその時その時の情況に応じて始めるから、知者は固定的な決まったことはしないものだ。書物とは言葉でできている。言葉は知性から生まれるから、知者は書物をたくわえたりはしないものだ。今、そなた、どうしてまた書物を背負って旅をされるのか」」

（『韓非子　第二冊』「喩老《ゆろう》」）

韓非の時代は、春秋戦国《しゅんじゅうせんごく》時代から、秦《しん》が古代中国を統一する過程でした。時代が転換を続けて、古い形には戻らないことを、韓非は見抜いていたのです。『韓非子』の故事は、学問が形だけのものになる危惧を示しています。書物を背負って旅する者は、古い枠組みにとらわれて生きている者なのです。

「知恵者は言論によって人を教えたりはせず、また知恵者は蔵書を箱に納めて大事にしたりはしない。（中略）つまり、勉学をしないことを学びとしたのである。そこで、老子《ろうし》も「勉学しないことを学びとして、大衆のゆき過ぎをもとにひき戻す」と言うのである」

（『韓非子　第二冊』「喩老」）

目の前の現実、今起こっている本当の社会の変化から目を逸らさないこと。過去に学んだものと目の前の現実が相反しているならどうするか。古い知識を捨てて、現実から学ぶ姿勢が常に、君主には必要とされているのです。

『韓非子』ならどうする？88

形骸化した古い知識・言説で目を曇らせず、生の現実から学ぶ

03

過去の成功を再び夢見て、待ちぼうけはしない

時代は新たに更新される、古い時代は戻らない

『待ちぼうけ』という童謡を覚えている方も多いと思います。
切り株に当たって気絶したウサギを偶然目にした木こり。
実はこの童謡は、『韓非子』のある故事からきています。

「宋《そう》の国の人で畑を耕している者がいた。畑の中に木の切り株があったが、たまたま兎《うさぎ》が走ってきてその切り株にぶつかり、首を折って死んだ。兎をもうけた彼は、それからすきを捨てて耕作をやめ、切り株のそばを離れないで、また兎を得

たいと願った。もちろん兎は二度とは得られず、その身は宋の国じゅうの笑いものにされた」

（『韓非子　第四冊』「五蠹」）

木こりが罠にはまったのは、彼のラッキーとも言える成功体験でした。切り株の前で、簡単にウサギを手に入れた強烈な印象が、彼を拘束したのです。過去の華々しい体験や、注目、成功や勝利は人の中に大きく残ります。ある人たちは、その体験から「夢よ再び」と何度も同じことを繰り返してしまう。しかし、韓非はこの「夢よ再び」の感覚を冷徹に斬り捨てています。

「いま古代の聖王の政治によって現代の民を治めようとするのは、すべてこの切り株のそばを離れずにいるのと同じたぐいである」

（『韓非子　第四冊』「五蠹」）

私たちは、自分たちが直面する問題に〝現代的に〟対処しているでしょうか。新しい時代になったのに、過去に収めた成功をそのまま追いかけていないでしょうか。

韓非は、「時代は変わる」と何度も冷たい宣告をしています。
残酷な現実に向き合う者だけが、新たな挑戦と勝利を手にできるのです。

『韓非子』ならどうする？ 89

過去の成功体験を捨てることが、新時代に勝つ起点である

過去の安定から離れる、痛みを受け入れる

過去の成功の枠組みの中は、ある意味で快適です。
暖房の効いた、暖かな快適な空間のように感じられます。
しかし、新時代の変化に対処するには、その快適空間を出なければいけません。

「腫《は》れ物《もの》をつぶすと痛いし、薬を飲むと苦いものだが、苦いから痛いからといって腫れ物をつぶさず、薬も飲まなければ、わが身は助からず、病気もなおらない。〔多少の犠牲はあっても、新しい政治を断行すべきである。〕」（『韓非子　第四冊』「六反《りくはん》」）

温度が最適に保たれた部屋から、厳寒の外に飛び出す瞬間です。
「日本的組織論の名著」と言われる『失敗の本質』という書籍があります。
１９８４年の初版から現代まで売れ続け、80万部を超えるロングセラーです。
この『失敗の本質』は、自己革新を遂げる組織に必要な６つの項目を挙げています。

【名著『失敗の本質』が教える組織の自己革新に必要な6項目】

①不均衡の創造
②自律性の確保
③創造的破壊による突出
④異端・偶然との共存
⑤知識の淘汰と蓄積
⑥統合的価値の共有

意図的にバランスを崩し、過去を健全に破壊する重要性が述べられています。
新時代に対処するには、快適な何かを捨てなければならないのです。
人によってはプライド、過去の肩書かもしれません。
しかし、それらを捨てる覚悟がある者だけが、新時代にも勝てるのです。

『韓非子』ならどうする？ 90

居心地のよい場所を離れて、ゼロから戦う痛みに耐える

何のために作るのか、何のために行動しているのか

過去を捨てるだけでなく、目的の刷新や再確認も重要です。
なぜなら、人の作ったものは、常に形骸化する宿命を持つからです。

「鄭《てい》（韓《かん》）の県に住む卜子《ぼくし》という人がその妻に袴《ももひき》を作らせた。妻がたずねて「今度の袴はどのように作りましょう」と言ったので、夫は「わしの古い袴のとおり」と答えた。妻はそこで新しいものをぼろぼろにして古い袴のとおりに作った」

（『韓非子　第三冊』「外儲説《がいちょぜい》　左上」）

右の逸話は、笑い話のように聞こえるかもしれません。
しかし、同じことを、私たちは現代でも繰り返しているのです。

今の組織構造は、どうして継承されているのか？

今の部門割は、どうして何十年も変わらないのか？

市場も消費者ニーズも、売れる製品も変わっているにもかかわらず、会社の組織構造や製品が変化しないのは、なぜなのか。

単に「去年もそうだったから」という理由かもしれません。

過去に疑問を持たないと、もともとの目標や理由を忘れてしまいます。

古い袴と同様に、時代遅れのものを「永遠不変の見本」と考えてしまうのです。


『韓非子』ならどうする？

91

古い制度の成り立ちと、自分の習慣を疑い、必要な刷新をする

常に、成果・結果を基に再考するサイクルを続ける

まったく同じ行動でも、結果に違いが出ることがあります。

時代が変化すれば、数年前の成功法則は通用しなくなるからです。

にもかかわらず、行動を変えなければ、時代の変化を怨むことになります。

書籍『なぜ、わかっていても実行できないのか』は、人や組織が過去に縛られる姿を次のように描写しています。

「前例や歴史は、知識を行動や決定に活かすじゃまをする。それどころか、学ぶ能力まで奪ってしまう。組織が問題に気づいて過去と訣別しようとすると、ますますやっかいなことになる。変化の兆しを感じると、人はいっそうかたくなに、これまでのやり方にしがみつこうとするのだ」（『なぜ、わかっていても実行できないのか』）

では、前例や歴史に縛られる組織から、どうやって脱却できるのか。

著者のJ・フェファーとR・サットンは、3つのポイントを挙げています。

【過去に縛られない3つの方法】

①新しい組織を作り、親会社や過去の経緯に縛られない新文化を作る
②従来からの方法を見直す
③常に前例に疑問を抱き、無批判に従わない環境を作る

著者たちは、3つの方法を実践する組織を、「記憶に頼らず、きちんと考えている組織」と呼んでいます。

逆に言えば、リーダーも個人も組織も、多くは記憶に頼って日々動いているのです。

その記憶が、有効な時期はいつまででしょうか。

すでに有効期限が切れた記憶に頼るよりも、「本質をきちんと考える」ことが、新しい環境を打破することにつながるのではないでしょうか。

『韓非子』ならどうする？
92

記憶や過去の体験ではなく、今の成果を軸に行動を変えていく

04

名君は、欠けている点を自ら受け入れて成長した

部下に関する苦労は、あなたの利益である

リーダーは多くの部下を抱えます。

彼らのために、自分は「こんなに苦労をしているのだ」と考えると不満が募ります。

韓非は、「君主の行動は、結局すべて自分のためなのだ」と諫《いさ》めます。

「人のためにしているという心を持っていると、人を責めたり怨んだりすることになる。自分のためだと思えば、事は順調にはこぶ」（『韓非子　第三冊』「外儲説　左上」）

リーダーは部下について様々な苦労をします。
しかし、その成果は、リーダー自身のためになるのです。
部下の立場から考える。部下の働きやすさへの配慮をする。
これらは手間がかかり、時にストレスにもなるでしょう。
しかし、これらの苦労は、結局はリーダー自身のためでもあるのです。

『韓非子』ならどうする？ 93

部下に目をかけたことは、すべてリーダー自身の利益となる

口に苦い良薬は、賢い人にだけ価値がわかる

部下の実力を引き出すために、最後の重要なことは何か。
それは、リーダーが自省し、自ら学びを続ける意識があるか否かです。
さらに重要なことは、自分に欠けている点を受け入れる度量です。

「そもそも薬になる酒や忠諫《ちゅうかん》の言葉は〔苦《にが》いものだから〕、明君や聖主だけがその価値を見ぬくのだ」

（『韓非子　第三冊』「外儲説　左上」）

あらゆる忠告や提言は、その必要性を理解できる者にしか使えません。欠点や弱点があっても、それを認めなければ直せないのです。

「そもそも良薬は口に苦い。それなのに知者はつとめてそれを飲むが、それは、体内に入って自分の病気を治すことがわかっているからである」

（『韓非子　第三冊』「外儲説　左上」）

皮肉なことに、忠告やアドバイスは賢い人しか聞き入れません。
賢い人だけが、自分を冷静に客観視できるからです。
愚かな者は、その価値がわからず、自分の欠点を認められません。
だからこそ、韓非は明君や聖主ほど柔軟だと述べているのです。

『韓非子』ならどうする？ 94

賢いリーダーは、自ら学び反省することで部下を勝利に導く

達成させたければ、基準を必ず設定する

リーダーも人間です。時には弱気になることもあるでしょう。「これだけ努力したのだから」と努力だけで満足することもありえます。しかし、リーダーは自らの成果を測るために、基準を持つ必要があります。もし基準がなければ、何を達成したか、どれだけできたのかわからないからです。

「一定の標的があるとなれば、羿《げい》や逢蒙《ほうもう》のような名人でも五寸の的に当てるだけで巧みだとされるが、一定の標的がないということなら、でたらめに射て毛ほどの小さいものに命中したところで下手だとされる」

（『韓非子　第三冊』「外儲説　左上」）

偶然達成されたものは、再現できない成果かもしれないのですから、リーダーは成果を

測る基準を先に設定すべきです。
自ら立てた基準を満たす成果か否か、厳しく判断すべきなのです。

「実力のあるリーダーは、経営の観点から許容範囲を逸脱しているものを探す。利益率から昇進させる人材の選抜まで、目標と結果のギャップに注目する」
（『経営は「実行」』）

努力をしていれば、何かは変わります。
行動をしていれば、何かの影響は出てくるでしょう。
しかし、それが、自ら計画した目標の達成に近づいたのかが問題です。
部下の努力と苦労を見ていると、満足したくなるのです。
しかし、目標に満たないことは、何かが不足していることを意味します。
その不足を補わなければ、未達成はいつまでも続いてしまうのです。

『韓非子』ならどうする？ 95

必要な行動を促すため、達成のための基準を必ず設定する

リーダーは、部下と同じことをしてはいけない

韓非は、『詩経《しきょう》』の「君自ら行わなければ、庶民は信ぜず」という言葉を紹介しています。

これは、ある意味での模範、規範、モラルなどに関する指摘です。

社内ルールを決めたのに、社長や上司が守らなければ、部下は当然守るはずがありません。


一方で、上司は部下と同じ仕事をすべきではありません。

上司には上司の役割があるからです。


韓非は、古代王国・斉《せい》の景公《けいこう》の逸話を紹介しています。


ある者の病が重く、早馬で連絡がきたときのこと。

景公は、名馬の煩且《はんしょ》をつないで4頭だてにし、馭者《ぎょしゃ》に馬役の韓枢《かんすう》を指名します。

しかし、数百歩で「馬役の走らせ方が遅い」と自ら手綱を握りました。

さらに数百歩で「名馬の煩且の走りが悪い」と指摘します。

景公はついに、馬車から降りて自分の足で走り出したのです。
韓非は次のように指摘します。

「煩且のようなすばらしい馬と馬役の韓枢のようなすぐれた馭者とを備えながら、車を降りて走った方が速いと考えたわけだ」

（『韓非子　第三冊』「外儲説　左上」）

君主と部下は、自ずと役割や果たすべきことが異なります。模範として率先する立場でも、部下と同じことをする立場ではありません。あなたが部下の仕事を肩代わりするほど、実は非効率なのです。

『韓非子』
なら
どうする？
96

君主はリーダーの役割に徹して、部下を最大限に機能させること

第7章

『韓非子』が指摘した、繁栄が続く6つの真理

01

『韓非子《かんぴし》』の洞察を構成する6つの真理

著者である韓非が、2200年前に見抜いたこと

『韓非子』の著者である韓非《かんぴ》は、紀元前280年ごろの生まれとされています。「戦国の七雄《しちゆう》」と呼ばれた国々が衰え、秦《しん》の強大化が決定的となった時代です。秦の始皇帝《しこうてい》がその後、天下を統一したのは紀元前221年です。

2200年前に、彼の頭脳が見抜いたことは何だったのか。

それは、秦以外の国（自分の祖国・韓《かん》も）が、衰退していく原理・構造の存在です。それを世界に伝えるために、彼は『韓非子』を書き上げたのです。

紀元前260年頃の「戦国の七雄」勢力分布図

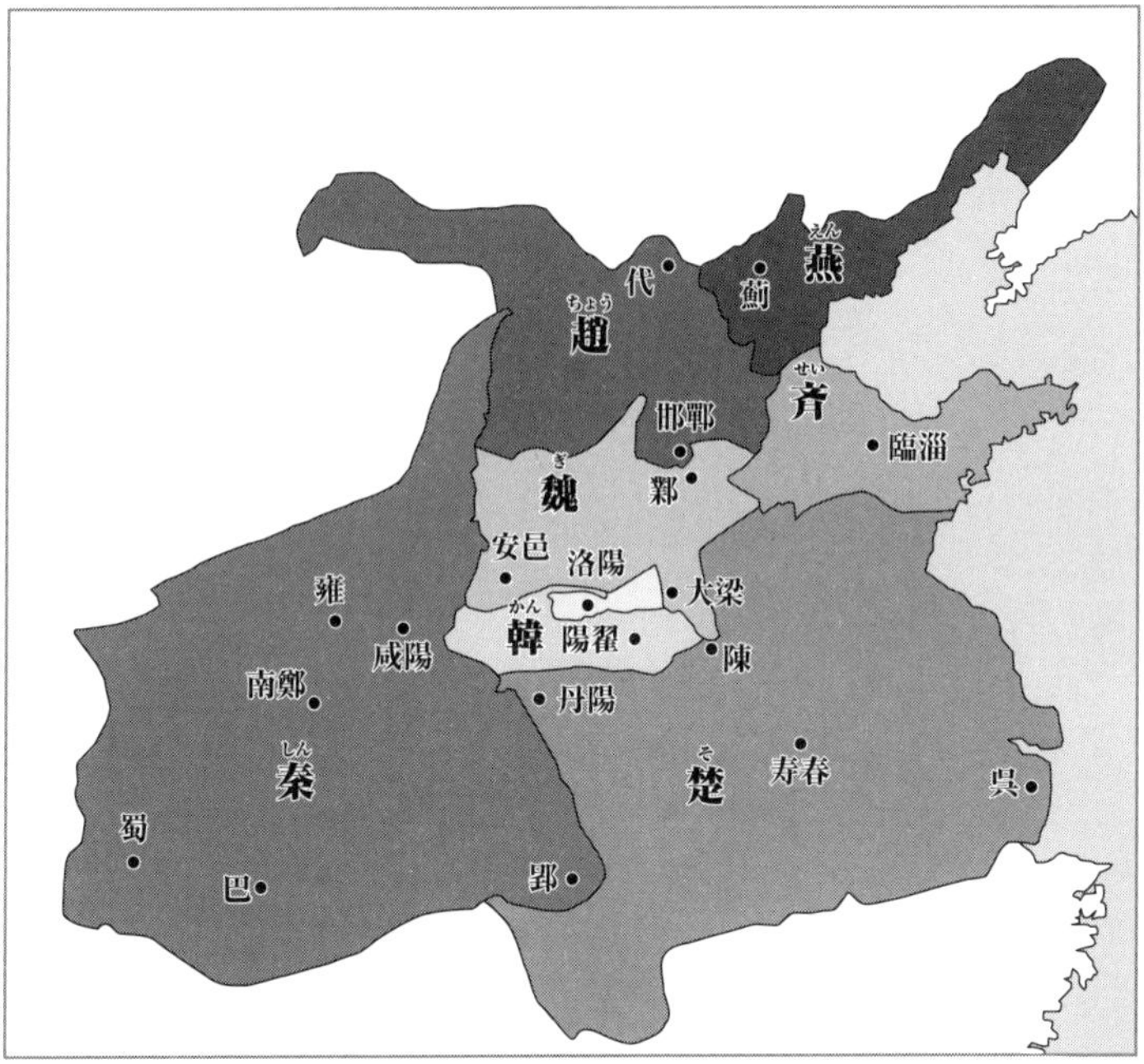

紀元前 280 年　韓非《かんぴ》が韓《かん》で公子として生まれる

紀元前 260 年　長平《ちょうへい》の戦い（秦《しん》軍が趙《ちょう》軍を大敗させる）

紀元前 259 年　のちに始皇帝《しこうてい》となる嬴政《えいせい》が生まれる

紀元前 233 年　韓非は嬴政に謁見するも、李斯《りし》の謀略で命を絶たれる

紀元前 230 年　韓が滅亡

紀元前 228 年　趙が滅亡（名将の李牧《りぼく》が謀殺されて秦の王翦《おうせん》に敗北）

紀元前 225 年　魏《ぎ》が滅亡（秦の王賁《おうほん》に敗北）

紀元前 223 年　楚《そ》が滅亡（秦の王翦に敗北）

紀元前 222 年　燕《えん》が滅亡（荊軻《けいか》という刺客を秦に送るも失敗）

紀元前 221 年　斉《せい》が滅亡（秦の王賁に敗北）、秦による中国統一が成る。
嬴政、始皇帝を名乗る

紀元前 210 年　始皇帝死去

紀元前 207 年　秦が滅亡

【『韓非子』を構成する6つの真理】

①組織（臣下）は腐敗する
②君主の優劣
③人間の性質
④新時代の荒波
⑤環境を作る重要性
⑥効果・成果を軸とする人事

組織、あるいは臣下は常に、時間とともに腐敗をしていきます。
君主の優劣が、集団における最大のキーポイントになってしまう。
人間の性質は変わらない、99％の人たちは、心地よい現状の維持に固執する。
新時代の荒波は、どんな国、集団、君主、部下に対しても必ずやってくる。
人は環境で変わり、環境で動き、環境で止まる。
環境を創ることは、すなわち人を動かすことである。
人の集団も君主も、次第に成果から外れたことをし始める。
その焦点を戻すことが、『韓非子』の中心的な目標である。

韓非は、かつて繁栄した「戦国の七雄」の国々が衰退していく時代を目撃しました。
彼の理論は、実際に起こった巨大な勢力変動の観察から生まれているのです。
6つの真理のマイナス面から抜け出し、プラスの側で人々を支配する。
時代の転換点を活用して飛躍し、勝利を手に入れる。
これこそが、韓非が唱えた帝王学の全貌なのです。

『韓非子』ならどうする？
97

人の心は弱い。だからこそ、対策を持つ者のみが勝ち続ける

人の集団は、自然にしておけばバラバラになるだけ

組織は腐敗する。臣下は勝手な目標と欲を成し遂げようとする。
それを見抜き、食い止める立場の君主が愚かであれば、悲劇は止まらない。

【『韓非子』を構成する6つの真理】

①組織（臣下）は腐敗する

②君主の優劣
③人間の性質
④新時代の荒波
⑤環境を作る重要性
⑥効果・成果を軸とする人事

新時代の荒波は、社会にあるあらゆる人を巻き込んでいきます。
その変化にいち早く気づき、利用する者が新たな力を得ていく。
この変化の中でも、旧来の組織にぶら下がる形で利益を得る者は、改革を否定する。
すると、非効率・非合理が、危機の集団の中でさえ跋扈《ばっこ》してしまうのです。

時代の変化、新たな競合の台頭で、組織は変化しなければ成果から外れていく。
自然状態では、人の力は集積されず、バラバラになっていくのです。
危機的な情況にもかかわらず、内部で勢力争いをしている集団が滅ぶのです。

『韓非子』ならどうする? 98

気ままな人々を、一点に集中させると爆発的な勝利を生む

支配する者と、支配される者がいる理由

社会には、一人の力でできることがあります。
しかし、大勢の力でなければできないこともあります。
巨大建造物を創る、軍隊を創設して戦争を行うなどは典型です。
現代であれば、巨大企業を創り、世界中に製品を販売することも同じです。

君主は大きな野望を成すため、大勢の人を動かす必要性があります。
つまり、大きな目標を持つゆえに、人を動かす苦労に直面するのです。
人を動かす、できるだけ多くを、それもただ一点に集中させる。
これは、君主となる人には自然な目標なのです。

普通の人は、そんな苦労はごめんだと思います。
普通の人は、自由気ままでいたいのです。
そんな苦労をしなくとも、小さな欲ならば簡単に満たせるからです。
隣近所の人と同じ物を求めるなら、それほど苦労はしないものです。
このような者は、強力な君主が出現すると、最前線で動く駒となります。

君主はリスクを負って大きな賭けに出ます。
普通の人が手に入らないものを手に入れるためです。
君主ほどの野心はなくとも、普通の人より賢く、勇敢な者はどうなるか。
君主の下で官吏となったり、軍隊を指揮する将軍となったりするでしょう。

人を動かすことに関心がない、権力にも関心を持たない。
人を支配するなど、考えたこともない。
これは、あなたが「支配される側」である可能性を示しています。
君主となる者は、支配と集中に異常な熱意を持っているからです。

『韓非子』ならどうする？ 99

支配する者は、巨大な欲を持つゆえに、多くの人を動かすことが、自分の勝利に不可欠だと知っている

02

あらゆる失敗や事件は、それで得する者が引き起こす

君主の洞察力が高いほど、組織の危機を救う

韓非は、君主は洞察力を養うべきとしています。

「事が起こって利益のある場合は、その利益を受けている者が事の中心となっているのだ。〔事が起こって〕害がある場合は、必ずその反対がわを見て、〔それで利益を受けているものを〕よく調べることだ」

（『韓非子　第二冊』「内儲説《ないちょぜい》　下」）

韓非は、古代からのいくつもの逸話を紹介しています。

「翟璜《てきこう》は魏王《ぎおう》の臣であったが、そのうえ韓《かん》の国とも親しかった。そこで、韓の軍隊をよびこんで自分の魏の国を攻めさせ、それによって魏王のために講和することを願い出て、自分の立場を重くした」

（『韓非子　第二冊』「内儲説　下」）

表面的には害となるものから、利を得る者もいます。

他人の「害」から利を得るゆえに、失敗を意図して招く者もいます。

「昭奚恤《しょうけいじゅつ》が楚《そ》の政治をとりしきっていたとき、米倉や秣小屋《まぐさごや》の屋根に火をつけたものがいた。しかし、だれのしわざかはわからなかった。昭奚恤は役人に命じて屋根をふく茅《かや》の商人をとらえて調べさせたが、はたしてその男が火をつけたのであった。（害によって利を得る者を追及したわけである。）」

（『韓非子　第二冊』「内儲説　下」）

不振企業の幹部が、正しい改革案へなぜか執拗に反対することがあります。

この幹部は、敵対企業が自社を買収することで、多額の報酬を得る密約があるのかもしれません。

人は利によって動き、出来事は利か、その裏の害から利を得る者が始めるのですから。

このような非情な洞察は、利害が複雑に絡む君主には不可欠の基礎力なのです。

『韓非子』ならどうする? 100

予想外の事件や不祥事では、得した者がいないか探せ

相手の不都合な行動へ、「褒賞」を与えない

米国の訴訟コンサルタントのフィリップ・マグローは「人間は褒賞で動いている」と指摘します。

何らかの得があるから、その行動を続けているのです。

「人がそんな行動をとるのは、結果的に、どんな行動をとれば見返りがあり、どんな行動をとれば見返りがないかを、あなたが教えているからだ」

（『史上最強の人生戦略マニュアル』）

注目したいのは、「あなたが教えている」とマグローが発言していることです。人間関係で、相手の不正や不誠実を、実はこちらが誘発しているのです。

「最終的に、相手が望む反応をすることによって、その行動に対して見返りを与えているのならば、向こうは「しめしめ。うまくいった。これで欲しいものを手に入れる方法がわかった」と考える」

（『史上最強の人生戦略マニュアル』）

業績不振でも、目標が未達でも、給与が変わらないなら、それも一つの褒賞でしょう。問題を起こしても、とがめられることがないのなら、それも褒賞です。君主、つまりリーダーが愚かであることに付け込ませることも褒賞です。

不正を犯しても、簡単に隠せるならば。
責任を引き受けるより、隠したほうが得だと相手に教えているのです。
優れた君主は、必ず逆のことを行います。
不正を行う、隠すことが、臣下の損になると常に教育し、処罰しているのです。

『韓非子』ならどうする？ 101

不祥事やごまかしから、相手が得ている褒賞を絶つこと

知る力、洞察する力が、君主の支配力を強化する

韓非は、君主が見抜くべき６つの徴候を述べています。

【君主が見抜くべき6つの徴候】

①君主の権力が臣下に奪われていること
②臣下が外国の力を借りて対抗すること
③類似のまぎらわしいことでウソをついていること

④責任をまったく違う者になすりつけていること
⑤上下の関係をかき回して争いを起こすこと
⑥外国が人事権に介入して、幹部を密かに任命すること

不正を見抜く君主の前で、ウソをつくのは損になります。外国の影響を遮断できる君主の前で、対外勢力と手を結ぶのは危険です。

6つの徴候を見抜く君主の洞察力は、臣下を不正から遠ざけるのです。

この関係は、身内だけでなく取引先にも共通します。

長年、ある価格で取引を続けている場合、コストダウンでより安く提供できることを、ほとんどの企業は既存の顧客には伝えないものです。

では、「より安い価格」で競合他社が同じサービスを提供し始めたことを告げたらどうなるか。

いきなり値段を切り下げてくることがあるのです。

違いを生むのは、リーダーが常にコストを意識して確認しているか否かです。

ウソを見破る者の前では、人は正直者にならざるを得ません。

騙されやすい人の前には、逆に詐欺師が集まります。

見抜く者、悪事を処罰できる者の前からは、詐欺師は消えていくのです。

『韓非子』ならどうする？ 102

不正やさぼりは、割に合わない行為だと相手に教えること

03

家族の問題は大きな落とし穴になる跡継ぎの問題、

「亡徴編《ぼうちょう》」の最後は、家族や親族の問題

韓非が指摘した、国が滅びる徴候の最後は、後継者や家族です。
なぜ家族が、と思う方もいるかもしれません。
しかし、君主の立場が富や権力と関係している以上、これは避けられません。
現代でも、大手企業さえ骨肉の争いでニュースになることがあります。
親が正しい、いや子供が正しいという争いで会社は崩壊していく。
問題の発生原因は、大きく2つに分かれます。
1つは、権力と富を持つ親が作ってしまった問題。

2つ目は、家族や親族が権力や富で狂ってしまった問題です。

韓非は、権力や富の魅力を前に、「家族を盲信するな」と指摘します。

「家族だから」と考えて、なんの備えもしない親子が、問題を悪化させるのです。

跡継ぎや家族、親族の問題は、あらかじめ備えるほど効果的な対策を打てます。

問題など起きないと楽観視する人ほど、末路で大きな後悔を残す。

韓非は歴史を眺め、君主の統治術を究めようとした人物です。

彼は、骨肉の争いが国を滅ぼす元になると2000年以上前から警鐘を鳴らしたのです。

『韓非子』ならどうする？ 103

家族だからと過信せず、跡継ぎ問題は必ず事前に対処する

後継者の問題①　誰が継ぐのかわからないと家族が分裂する

韓非の時代は、現代とは異なる点がいくつかあります。

君主に婚外子《こんがいし》が多く、君主が家の外に子供を作るのです。

その婚外子が優秀となると、嫡子《ちゃくし》の立場が揺らぎます。

「本妻の嫡子を軽視して異腹《いふく》の庶子たちがそれと張りあい、太子がまだ決まっていないのに、主君が死亡したという場合は、その国は滅びるであろう」

（『韓非子　第一冊』「亡徴」）

この問題は、古代中国では数多くの王国が滅亡する元になっているのです（ただし、現代では同種の問題は例外的だと思われる）。

次の問題は、兄弟の中で誰が後継者になるかわからないことです。

最後まで決定しないと、兄弟でも蹴落とし合いが始まります。

実力がある方、優秀な方が後を継ぐと宣言するなどは最悪です。

周囲の人間も、後継者の権力や富を目当てにどちらかに加担するからです。

結果、同じ血を分けた兄弟が、最も憎しみ合う仇敵となってしまう。

「出奔《しゅっぽん》した君主が外国にいるのに、本国ではまた別の君主を立て、人質《ひとじち》に出ている太子がまだ帰国しないのに、主君が太子を変えてしまう、そのようであれば国は割れる。国が割れるという場合は、その国は滅びるであろう」

（『韓非子　第一冊』「亡徴」）

『韓非子』ならどうする？104

後継者は早めに確定して、原則を貫き決して迷わないこと

現代でも、相続のことを〝争族〟と言い換えることがあります。跡継ぎや財産相続の問題は、大きな火種になるからです。

誰が事業を継ぐかを早くから明確にして、人の意見に惑わない。これは事業を作り上げた親側、会社を大きくした現社長のなすべきことです。

決めておき、現社長が惑わなければ、周囲は無用な思惑を持てません。早めに決断し、原則の方針を変えないことが、争族にしない最大の秘訣なのです。

後継者の問題②　家族が金や権力で暴走してしまう

後継者の問題の2つ目は、家族が暴走することです。
親の苦労を知らず、豊かさだけを見て育った子や孫は、勘違いしてしまう。
豊かさや、高い地位が当たり前だと思うのです。
富や地位を維持するために、節制や自己規律が必要不可欠です。
富が大きいほど節制が、地位が高いほど規律が強く要求されます。
親の世代が痛いほど痛感していることも、教えなければ子には伝わらない。

「君主の娘婿《むすめむこ》や孫たちが、庶民と同じ里に住んで、その近隣に威張りちらして乱暴するという場合は、その国は滅びるであろう」

（『韓非子　第一冊』「亡徴」）

これらを伝えなかったのは、誰の責任なのでしょうか。
高い地位を得るために、多くの富を得るために忙しかった親の責任かもしれません。
企業組織であれば、次の社長も社員の中から選ばれます。

後継者には、適切な修羅場《しゅらば》を先に経験させておくことです。
いったん君主の地位に上がれば、もう頼る人はいなくなるからです。
ナンバー2の立場と、頂上でのプレッシャーは違います。
山の5合目の天候と、山頂の天候の厳しさが違うのは当然です。
どんなに近くにいても、意図して教えなければ伝わらないことがあります。
富と権力、支配力の維持の方法は、まさにその代表的な存在なのです。

『韓非子』ならどうする？
105

高い地位、富に比例した厳しさを後継者に教えておくこと

放任では君主は育たない、自然に家族は後継者とならない

富も権力も地位も、普通の品物ではありません。
手にした者には羨望《せんぼう》や嫉妬《しっと》の視線が集まります。
手にした者が相応の強さと規律を備えている間は、人も沈黙しています。
しかし、浮わついた者が偶然これらを手にすれば、奪おうと集まる者が増えていく。

普通の者は富や権力の秘密や資質を知りません。
結果、特殊な教育をしなければ、君主になれる次の世代は稀なのです。

企業として、社員から後継者を選ぶ場合にも注意が必要です。
単に仕事ができても、頂上で指揮ができるとは限りません。
一番上にいるからこそ、他では体験しない苦しみがあるからです。
その苦しみに耐え、跳ね返して決断と前進ができる資質があるか。
能力があっても、重圧の中で発揮できないなら無意味です。
家族は自然に後継者にはなりません。
幹部は自然に社長にはならないのです。
これが２０００年以上前からの現実です。
この意識を強く持ち、後継者を教え、育て続ける必要があります。
跡継ぎは、長年の指導を続けてようやく成功する事業のゴールなのです。

『韓非子』ならどうする？ 106

富・権力・地位も、教育しなければ次世代はすべて失ってしまう

04

因果は巡る、運命は君主だけを特別視しない

最後の一日を、幸福に過ごすための秘訣

のちに始皇帝となる秦王の嬴政《えいせい》は、幼少期から彼の権力を狙う者に囲まれて育ちました。周囲のウソを見抜き、言葉と行動の一致を確認しなければ生き残れない。これは韓非が説いた「術」に当たります。

生まれた環境が過酷ゆえに、術を身につけた嬴政。

彼は韓非の「法」を学ぶことで、ある種の完成された帝王になることができたのです（秦の武将・王翦《おうせん》は、嬴政を「粗暴で人を信じない方」と述べている）。

しかし、始皇帝となった嬴政は、2つの大きな間違いを犯していました。

1つ目は、自らが身につけた「術」が、自分の子供にも当然備わっていると考えたこと。彼は子供たちに、自分の持つ重要な「術」を教えませんでした（結果、宦官《かんがん》の謀略に政の長男は簡単に騙されて、ニセの命令で自害してしまう）。

2つ目は、始皇帝自身も韓非の説いた「法」の原則を超えられなかったこと。

彼は、「長子の扶蘇《ふそ》を後継者に」と遺言で書き残して世を去りました。

しかし、宦官の趙高《ちょうこう》と李斯《りし》に、「第二子の胡亥《こがい》を後継者にするよう」遺言を改変されてしまいます。

第二子のほうが凡庸で、彼らには操りやすい相手だったからです。

後継者を誰にもわかるように生前から表明しておかなかった始皇帝。

韓非は、「後継者を明確にしなければ、それぞれの子供に重臣がついて騒乱が起こる」と指摘しました。

始皇帝は、韓非の法を読んでも、「自分は例外だ！」と考えたのかもしれません。

しかし、始皇帝もやはり、韓非が説いた法の輪廻《りんね》から逃れることができなかったのです。

『韓非子』ならどうする？ 107

どれほどの異能の君主でも、原則を無視すれば報いを受ける

始皇帝、李斯、趙高、すべて常道から逃れることができなかった

始皇帝の創った秦帝国は、彼の死後わずか3年で崩壊します。
韓非を讒言《ざんげん》して、獄死させた李斯も、紀元前208年に次男とともに処刑されます。
後継者をすり替えた陰謀の首謀者、趙高が彼に無実の罪をかぶせたからです。
李斯の死の翌年、陰謀の首謀者だった趙高はどうなったか。
秦帝国の崩壊とともに、始皇帝の長子、扶蘇の子供に刺殺されました。

君主の権力や財貨を、内側から貪《むさぼ》り食う者たち。
彼らを、韓非は木食い虫に例えました。
李斯は韓非を消したことで、自身の権力を保持したつもりだったでしょう。
しかし、韓非にすれば、それは李斯が木食い虫だと自ら証明した行為だったのです。
宦官の趙高も、木食い虫である自分の行動で首をしめます。
秦帝国という大木を、権力の乱用で倒壊させて死を迎えたのですから。

始皇帝が韓非を毒殺から守り、師として教えを仰いだならば。
彼は自らの子供に、膨大な権力と帝国を引き継ぐことに成功したかもしれません。

李斯はその謀略の力で韓非を亡き者にしました。
韓非は、歴史認識と彼の法術による輪廻《りんね》を説きました。
韓非は、自身の死によって、李斯が死を迎えることを導いたとも言えるのです。

『韓非子』ならどうする？ 108

優れた者を蹴落とすことを許せば、集団は必ず没落していく

運命は、あらゆる君主を特別視しない

人間の一生をつらぬく原理原則があります。
人の寿命には限界があること、人は1年ごとに老いることなどです。
若いときの気持ちや体力を、老年になって維持することは難しいはずです。
これらは、人間である限り、逃れることができないものです。
始皇帝となった嬴政は、後継者への権力移譲に失敗しています。
その理由の1つは、彼が自分の寿命を有限だと認めなかったことです。

中国を統一したほどの自分なら、不老不死の仙薬を見つけられる。
この想いゆえに、彼は後継者を早々に決めることを拒否していました。

何かに歪みが生じれば、代償をいつか払わなければならない。
社会が歪み、不正が横行すれば、国家の土台がいつか揺らいでしまう。
問題を先送りし続ければ、どんな大企業も傾いていく。
運命は、原理原則から外れた者を、容赦しないのです。
始皇帝は、人間の社会における最高の権力と栄華を手にしたのでしょう。
しかし、彼をしても、人間であることの限界は超えられなかったのです。
人であることから逃れようとするのは、愚かな行為です。
そうではなく、人であることを全うすることが、真の叡智《えいち》なのでしょう。

『韓非子』ならどうする？ 109

仕事の成果のみでなく、よい人生を全うしようと努めること

超訳『韓非子《かんぴし》』名文9編を読む

『韓非子』より、始皇帝が読み感銘を受けた「孤憤《こふん》」「五蠹《ごと》」を含む9編を、わかりやすく超訳して巻末の資料とします。

① 二柄《にへい》（君主が握るべき2つの力）

賢明な君主は、刑と徳という、2つの柄《へい》で臣下を制御する。
刑とは罰を与える権力であり、徳とは褒賞を与える権力である。
2つの権限を自ら運用すれば、君主は群臣を望む行動に向かわせることができる。
しかし、邪悪な臣下は悪知恵を絞り、君主の2つの力をかすめ取ろうとする。

虎が犬に勝てるのは、虎に爪と牙があるからだ。
もし虎から爪と牙を取り去り、犬に与えたら、虎は犬に負かされるだろう。
2つの権力を臣下に奪われたなら、臣下に君主は負けてしまう。
斉《せい》の田常《でんじょう》は、君主から得た報酬を多くの者に配り、ついに簡公《かんこう》は田常に殺された。

2つの柄を軽視した君主で、その身を滅ぼさなかった者はいないのである。
その人物の言葉と、実際に行った仕事、その結果が一致するかを確認する。
仕事の内容が言葉通りであれば賞を与え、違っていれば罰を与えるべきだ。
君主が、現実を知る努力をするほど、臣下はウソがつけなくなる。

君主として仕事を与えるとき、2つの心配事がある。
賢人を選び任せると、臣下がその賢人を利用して君主を脅かすこと。
逆に賢人を避けて能力を考慮せず任命すれば、仕事が混乱してしまうこと。
君主が好き嫌いを漏らすと、好みに合わせて偽装するヒントを臣下が得る。
好き嫌いを見せなければ、群臣は生地《きじ》を現して、君主は真実を見抜けるのである。

② 孤憤《こふん》（歪んだ組織と重臣は、正しい改革者の邪魔をする）

法術の士は、遠い先を見通して人の私的なたくらみを見抜く。

法を守り実行する者は、強い心で正義を貫こうとする。

一方、権力を持つ重人は国家の利益をかすめ、一族の便宜をはかり、君主を操る。

法術の士が活動すると、重人の邪《よこしま》な行為に気づき、矯正しようとする。

法に外れた重人たちは、法術の士に弾劾《だんがい》されるため、両立できない仇どうしとなる。


国家の要人が、政治の中枢を握ると、国の内外のすべての者が彼のために働く。

外国の政治家、役人、群臣、朝廷の者たちも、要人に頼らないと物事が上手く運ばない。

学者も要人に頼らないと、給料も少なく、待遇も軽くなるため要人におもねる。

邪悪な要人は、自分の悪事を隠す多くの援助を手に入れて、君主の判断は曇らされていく。


要人は君主から信頼され愛されて、君主のご機嫌取りを何より得意とする。

しかし法術の士は、君主と親密ではなく、邪なご機嫌取りもしない。

法術の士は、君主にべったりの要人と対立して勝てる要素がないのである。


君主の側近は必ずしも知者ではない。

それなのに、君主は側近とともに知者の意見を検討し、賢人の行動を側近と評価する。

これでは正しい決断などできるわけがない。

邪悪な臣下は賄賂を好むが、知者や賢人は正しい筋を通し賄賂など行わない。
そのため賢人、知者の功績は邪悪な臣下にことごとく無視される。

臣下と君主の利益はたがいに矛盾する。
君主の利益は功績に褒賞を与えることである。
しかし、臣下の利益は苦労せず富貴になることだからである。

知謀の士は先を見通し、危険を恐れることで、邪悪な要人には従わない。
清廉な賢人も、不正を恥じるから、邪悪な要人には従わない。
邪悪な要人に集まる者は、先が見えない愚か者か、悪事を恥じない悪人だけになる。

③説難《ぜいなん》（君主を説得することの難しさ）

君主を説得することの難しさは、その内容の準備にあるのではない。
その難しさは、相手である君主の心を読み取り、こちらの説を合わせることにある。

相手が名誉を求めているのに、利益を提案すれば下品で低俗な者だと思われる。

相手が利益を求めているのに、名誉の話をすれば、実用性のない者だと思われる。


次のことがあると、説得をする者の身は危険となる。

相手が隠しておきたいことに偶然触れてしまう。事業の裏の目的を探り当ててしまう。

独創的な計画を信任されながら、他の者が情報を漏らして、提案者が疑われたとき。

地位の高い者に過失があり、説得者がそれを非難する説を言い立てたとき。

とても実行できないことを無理強いし、止められないことを無理に止めたとき。


君主に説く上で心がけるべきことがある。

相手が誇りとしていることを飾り立て、恥ずかしいと思うことを消してやることである。

なぜそうするかと言えば、説得以前の段階で、心の軋轢《あつれき》を生まないためである。

君主と信頼関係ができたら、ようやく率直に説得を伝えることができるのである。


むかし、伊尹《いいん》は料理人となり、百里奚《ひゃくりけい》は自ら奴隷になった。

理由は、君主に自分が用いられたかったからである。

料理人や奴隷となっても、自らの提言で世界を救ったならば、有能な人物として恥じることではない。君主の事業を成功させ世界を正すことが、説く道の完成なのだから。

鄭《てい》の国では、武公《ぶこう》が胡《こ》の国を奪いたいと思い、あえて自分の娘を胡の君に嫁がせた。

群臣に「どこの国を討つべきか」と尋ねた。

大夫の関其思《かんきし》が「胡を討つべきです」と言った。

姻戚関係の胡を討つものかと、武公は関其思を死刑にした。

これを聞いて安心した胡の国は鄭への防備を解き、鄭は胡を滅ぼすことができた。

世の中の多くの者は、この関其思と同じ勘違いをしている。

真実を知ることが難しいのではなく、知ったことにどう対応するかが難しいのである。

人を説得する者は、よくよく考えるべきことである。

竜は飼いならすこともできるが、うろこの一つに触られると必ずその人を殺す。

これを逆鱗《げきりん》というが、君主の逆鱗に触れずにいられたら、説得は成功するだろう。

④姦劫弑臣《かんきょうしいしん》(邪悪な臣下の種類と、その防ぎ方)

すべて邪悪な臣下は、君主の心に迎合して寵愛《ちょうあい》を受けようとする。君主のお気に入りを誉め、君主の憎む者の悪口を言う。君主と好悪の感情を合わせることが、臣下が寵愛され信頼される糸口なのだ。

重臣が、君主を思いのままに操ると、他の臣下は知力を尽くせない。なぜなら、邪悪な重臣に取り入るほうが安全で、正しいことを貫くと危険になるからだ。

臣下たちが、誠実に勤めても安泰が得られないならば、私的な悪事を行っている要人の機嫌を取らずにはいられない。

そのような状態で、法術の士が法を正しく運用することはできない。邪な行為を糾弾しながら、身の安泰を得ることも、希望しても不可能なことである。

法術をわきまえた者が臣下になると、法にかなった進言を行う。主君は法を順守して成果を上げる。

下は邪悪な臣下が責められて、君主の地位を尊厳にして国が安泰となる。
側近も私的な行いをやめ、知恵を絞って君主に仕えざるを得ない。
聖人は、人々が愛情でこちらのために働くようなことは頼みとしない。
聖人は、人がこちらのために働かないではおれないような方法を用いる。

昔の秦は、群臣が法を無視して勝手をしていた。
国は乱れて軍隊は弱く、君主の地位も低かった。
商君《しょうくん》が新しい法に変えたが、群臣は無視した。
そのため、商君は法を犯した者に必ず厳罰を受けさせた。
結果、悪事は止まったが、商君を怨む声が出てきた。
しかし、孝公《こうこう》はそのまま商君の法を断行した。
そのため、民衆で罪を犯すものはいなくなり、国はよく治まり軍隊は強くなった。
法を正しく打ち立てる効果はこの通りなのに、世の学者にはそれがわからない。
愚かな者も治まることは望むが、逆に治まるための方法を嫌う。
みな危険を嫌うが、その危険になる方法を選んでしまう。

聖人や法術の士は、法の意味を理解しているので、厳罰を正しく利用する。


愛情や感情で物事を常に判断しているとすれば、誤りばかりが多くなる。

愛妾《あいしょう》のウソで、妻を離縁して自分の息子を殺してしまった王がいた。

原則としての法がなければ、君主であるあなたの感情を操ろうと周囲はウソを利用する。

晋《しん》の智伯《ちはく》の家来だった予譲《よじょう》は、君主が殺されてのち、敵討ちに奔走した。

しかし、彼が本来仕えていた智伯にとっては、彼の行動はあとの祭りだった。


諺に「癩《らい》を病む者が王をあわれむ」というのがある。

臣下に脅かされたり、殺されて命を失った君主は難病患者さえ憐れむの意味である。

邪悪な臣下は、君主が愚かであればあらゆる手段を尽くしてその権力と富を奪う。

だから、癩を病む者が王を憐れむような悲劇が起きても、少しもおかしくないのである。

⑤解老《かいろう》（老子を読み解く）

徳とは、人が外界のものごとに誘惑されない状態を意味している。
徳は無為であることで身につき、無欲で出来上がり、思慮がないことで落ち着く。
法術を知らずに、単に虚心になろうとする者がいる。
そのような者は、虚心になることに拘束されてしまう。
正しい道を歩みながら、何物にも拘束されない心でこそ、すべてを成し遂げるのだ。

仁とはまごころから喜んで人を愛することである。
人の幸いを喜び、人の災いを憎む人間の生まれながらの心である。
礼とは、内心を形に表すものだ。
一般人の礼は他人を敬うためにある。
しかし、君主の礼は、自らの心を治め、律するためのものである。
君子は内心を重視し、形骸を嫌う。装飾が必要なのは、中身が劣るからである。
親子のあいだの真心は厚く、そのため礼は簡素である。

しかし、礼を誤解するものは相手に返礼を求める。
相手が答えると喜び、相手が答えないと責めたり怨んだりする。

人は災いにあうと心が恐れ行動は正しくなる。
禍があれば、そこに福が寄り添う。災いや苦労が未来の成果につながるのだ。
人は福を受けると富み、やがて傲慢《ごうまん》になる。
そこで老子は、「福があれば、そこに災いが隠れている」と言うのである。
物事の道理に従う者は、あらゆることを成し遂げる。
天子や諸侯、大臣や将軍としての栄達も同じである。
道理に外れると、どんな大きなものを持っていても、やがては失われる。

人は誰でも豊かになり、長生きをしたいと望む。
しかし、ほとんどの人は望むもの、望む場所に行きつけない。
望んでいることと、取る手段がずれているからである。

道に従い生きる賢者は、できない者を見下さず、批判しない。
理由はそれらの者も、道を知る者に素直に聞けば道を得るからだ。

世間の人が成功を望みながら失敗するのは、物事の道理を知らないからだ。
道理を知っている人に尋ね、進んで教えを受けようとしないからだ。

人は自然天然の能力、例えば視力、聴力、モノを考える力で生活している。
しかし、目に頼りすぎると見て見えず、耳に頼りすぎると聞いて聞こえない。
考えすぎることで考える力を失い、もの狂いとなってしまう。
これでは明るい昼でも危険を避けられず、雷鳴の害でさえわからない。

思慮が静かで心を惜しむ者は、感情を調和させることではかりごとも上手くいく。
はかりごとが上手くいけば、万物を制御でき、戦えばやすやすと敵を打ち破る。
議論すれば必ず一世を風靡《ふうび》する。
やすやすと敵に勝てると天下をわがモノとできる。
議論が一世を風靡すれば民衆が服属する。
老子いわく「すべてのものに打ち勝つならば、その究極は誰にもわからない」。

国を持ちながらあとで滅ぼし、わが身を養いながらのちに損なうのは愚かである。
それらは持っているとは言えず、道を体得できなかった者の末路なのだ。

道を知る君主では、外では隣国から恨まれず、内では人に恩恵がゆきわたる。

戦争は起こらず、国内では農業が盛んになり、人々は潤う。

君主が道を外れると外国との戦争が起こり、国内は乱れて飢餓が広がる。


人は欲を持つと考え乱れる。乱れると欲はさらに激しくなり、邪心が高まる。

聖人は政治をしながらも、欲に惹かれることがなく、それを退ける。

俗人はあらゆるときに欲望を抱えて、金持ちになり地位を得ても際限がない。


道はすべてを包み込むゆえに、たえず変化をして固定した形をとらない。

道は聖人とともに思慮深く、物狂いの者とともに狂おしい。

暴君とともに滅び、聖王とともに栄える。

道は遠くにあると思うと近くにあり、暗いと思うと実は明るく輝いている。

道は水のように、溺れた者は多量に飲んで死ぬが、渇いたものは適量を飲んで生き返る。

愚か者はそれを振り回して災いを起こし、聖人はそれで世界をより良く統治する。


野の猛獣には縄張りがあり、行動にもきまった時間がある。

縄張りと時間をよく考えれば、猛獣の害も免れることができる。

多くの人は猛獣の害は知っても、万物に害があることを知らない。
そのため、人生における危険を避けることができていない。
道理を見通す者は、万物の危害を察知することで、備えがなくとも害を受けない。
そのような者を、老子は「死地がない」と言ったのだ。

子を愛する者は子を慈しむ、命を大切にする者はその身を慈しむ。
功績を重んじる者は仕事を慈しむ。
慈しむと考えが深くなり、考えが深くなると道につながる。
道を知ると成功する方法がわかり、ためらいがなく勇気を得る。
才知あるものが倹約すると家が豊かになる。
聖人が精神を惜しむと精力が盛んになる。
君主がむやみに戦争をしなければ民は増えていく。
老子は、「倹約だからこそ、広大になれる」と言ったのだ。
物事の形はあとになるほどはっきり明確になり、議論はのちになるほど明確になる。
そのため、意見が出尽くしたあとで発言すると成功しやすい。
老子は、「世界の先頭に立とうとしない」と言った。

その心構えが全体像を正確に判断させて、事業を見事に完成させる力になるのである。
慈しみは先のことを考えさせ、法の決まりを守らせる。
軍や兵器を慈しむと、戦いに勝ち、城の守りを堅固にできる。
わが身を完全に全うした上で、道理を知る者には天の生命が与えられる。
慈愛と倹約、世界の先頭に立とうとしない意識、これは3つの宝である。

⑥ 功名《こうめい》（君主が功業をなしとげるための方法）

賢明な君主が成功する手段は4つある。
第1は天の時、第2は人の心、第3は技能、第4は勢位《せいい》である。
天の時に背けば、聖人が出現しても、冬に一本の穂さえ生やすことはできない。
人の心に背けば、どれほどの勇士が号令しても人の全力を引き出せない。
天の時を得れば、努力しなくとも穂は生えて、人心を得たならば、人は自然に動き、
技能に頼れば、自然に事は運び、勢位が得られたら、自然に名声があがる。

勢位がなければ人に号令できず、少しでも高い地位にあれば、物事を動かせる。
愚か者でも優れた者を統制できるのは、その地位の高さゆえである。

君主はすべての者に推戴《すいたい》されているから安泰なのである。
多くの人が心を合わせて支えようとするから、君主は威厳があるのである。
臣下は、その君主の下で自分の長所を発揮できるから忠誠を尽くすのである。

君主は臣下を一つの職務に集中できるようにする。
臣下は君主の要求にすぐに応じられる余力がある。
君主はバチのように打ち、臣下は太鼓のように見事に応じることができるのだ。

古代の聖王である堯《ぎょう》や舜《しゅん》のような徳があり、清廉潔白な人物であっても。
多くの人に推戴されて高い地位に登らなければ、功績もあがらず名声も得られない。

⑦ 難三《なんさん》（3つの陥りやすい罠）

魯《ろ》の王が臣下に、ある臣下の不孝者のことを聞いた。

ある臣下は、「君主は賢人の尊重に重きを置きます」と言った。

もう一人は、「その者の過ちは殿がこれまで聞かれたこともないことばかりです」と答えた。

この王は、3代にわたって李氏《りし》という要職の一族に脅かされた。

この態度なら当然であろう。

善を貴ぶだけでなく、君主は悪の情報も正しく確認すべきなのだ。

この王は、臣下が悪人の話を君主の耳に入れないことを許した。

だからこそ悪人から王としての立場を脅かされたのだ。

古《いにしえ》の聖王ほどの器量もないのに、悪臣を許す部分だけ、度量があるふりをしてはいけない。

あなたは彼らを使いこなせず、彼らの罪を許すことで、悪事を蔓延《まんえん》させてしまう。

臣下が働く悪事を照らし出す聡明さがないのに、賢者だと自らうぬぼれないことだ。

君主には3つの難事（陥りやすい罠）がある。

1つは人の権勢を貸して力を与えながら、君主の地位を侵害させないこと。

愛人の身分を高くしながら、正妻と並ぶまでにはさせないこと。

愛人の子を愛しながら、跡継ぎの子たちの地位を脅かさせないこと。

1人の臣下の意見を聞きながら、君主と並ぶ地位にさせないこと。この3つである。


仲尼《ちゅうじ》が政治のかなめを各国の王に聞かれたときのこと。

3人の王には、「近くの者を喜ばせること」「賢人を選ぶこと」「財貨の節約」と答えた。

仲尼の弟子が、なぜ各王に別の答えを授けたのかと聞いた。

仲尼は、王はそれぞれ今置かれている立場と、抱えている問題が違うからだと返事をした。

しかし、この仲尼の答えは、本質を射抜いているとは思えない。

各国の王の環境が変われば、彼の助言はまったく役に立たないからだ。

かえって逆の効果を生み出す危険性もある。事実、歴史には逆効果だった例が多数ある。


3人の王に、ただ一言でともに災いからのがれる言葉があるならば。

それは、「下々《しもじも》を知れ」である。

側近、臣下、下々のことを正しく正確に知ること。

これが、どの王の問題も最終的には解決するからだ。

ある王が、他国の状況を聞き、臣下が弱体化していることを答えて喜んだ。

しかし、賢明な君主は、他国の強弱に依存せず、自らの権勢を固めることで国防を万全にするものだ。自分の力に頼らず、相手の状況ばかり気にするのは本末転倒であろう。

⑧ 難勢《なんせい》（権勢について論じる）

慎子《しんし》は言った。

「空飛ぶ竜は雲に乗り、天に昇る蛇は霧に遊ぶが、雲が消えて霧が晴れてしまうと、竜も蛇もみみずや蟻のようになってしまう」

この理由は、よりどころを失ったからである。

賢人が愚か者に屈服するのは、賢人の権勢が軽く地位も低いからだ。

権勢や地位があれば、愚か者も賢人を支配して、暴君も天下を乱すことができる。

つまり、賢人や知者であるよりも、権勢や地位があるほうが重要なのだ。

慎子の説には次のような反論がある。

竜や蛇が雲や霧の勢いに頼っているのは事実だろう。

しかし、雲や霧があっても、竜や蛇の才能がなければ天空には登れない。

みみずや蟻では、雲や霧があっても無意味だ。

権勢（地位や権力）があり、かつ尭や舜のような聖人の才能があってこそ、初めて天下を上手く治めることができる。どちらかだけでよいと言うのは、誤りである。


以上の議論に、私韓非はこう答える。

権勢とは複数の意味を持つ。

自然の趨勢《すうせい》のこともあれば、人間が作り上げる権威・権力も意味する。

ここで私が議論したいのは、人間が作る権力のことである。

権力が盤石《ばんじゃく》なら、人の才能で崩せず、権力が乱れていれば、人の才能では正せない。

また、もともと賢人と権勢は、比較することができないものである。

賢人のあり方は、外から禁圧できない。しかし権勢は、すべてを禁圧せずにはおかない。

最強の矛と最強の盾のように、2つは共存できないものなのだ。

天下をよく治めるのに、聖王や賢人が不可欠では困る。

100年に一度しか出ない偉人を待ち焦がれることになるからだ。

聖王や賢人が出現せずとも、世界を治めるには、権勢と法が必要なのだ。

権力が正しい法で運用されたとき、賢人に頼ることなく世界を治めることができるのだ。


権勢を名馬に、聖人を達人の御者に例えるならば。

「名馬と達人を組み合わせることで最高の成果を生み出す」とあなたは主張する。

しかし、中程度の馬を複数用意して、五十里ごとに配置すればどうか。

できるだけ速く、遠くにいくこともふつうに達成できるのだ。

飛び抜けたものの組み合わせが不可欠と考えるのは、中間のない極端な思考なのだ。

⑨ 五蠹《ごと》(国家に巣食う、5つの木食い虫)

もっとも古い時代、人間の数は少なく野獣は多かった。

その時代に木の住居を作って危険を避けられるようにした者がいた。

彼は皆に推戴されて王者となった。

火を初めて使った者も同じく、調理と衛生を変えて人々から王として推戴された。

ところが、それ以降の時代に住居を作って自慢する者、火を起こして誇る者がいれば、新しい時代に新たなことをしている者（新たな聖人）に笑いものにされるだろう。

聖人は古いことなら何でもよいとは考えない。

聖人は一定不変の規準などというものには囚われない。

新しい時代の事情を考察し、それに応じた対策を立てる。

宋《そう》の国の木こりが、偶然切り株に当たったウサギを手に入れた。

翌日から木こりは、仕事もせず、切り株のまえでずっとウサギを待っていた。

古代の聖王の手法で民を治めようとするのは、この木こりと同じ種類の人間である。

「時代が変われば、することも変わる」と言われる。

「事が変われば、対策も変わる」と言われる。

もっとも古い時代は道徳で競い、中世の時代は智謀で競った。

現代では気力を競っているのだ。

武力の時代に弁舌で敵国を止めようとした者はこう言われた。

「おまえの言葉はなかなか雄弁だが、われわれは土地を求めている。そんな言葉で済む問題ではないわ」

こうして斉《せい》の領地の大半は占領された。

民衆は、権勢には服従しても、正義に従える者は数少ない。

孔子《こうし》は天下の聖人で、世界中がその仁愛の徳を歓迎し、正義を賛美した。

しかし、彼の門人はわずか70人だった。本当の仁愛、正義の実行は困難だからだ。

孔子にはるか及ばない者でも王になれば、国中の臣下と領民が従ってしまう。

孔子より優れているのではなく、王が権勢を持っているからだ。

権勢はあらゆる人を従わせるのに、仁愛の政治に頼れというのは、世間一般の者に、孔子の弟子のように（特別な存在に）なれというようなもので、絶対に不可能である。

賞に応じて世間の評判がなければ、恩賞の価値も半減してしまう。

法を犯して取締りながら、その行為が違う形で評価されると人を留められない。

功績がないのに高い地位に就くものを賢者とすれば、社会は誰も働かない。

君主がこれらのことを放置すれば、国が荒廃して公の利益は失われてしまう。

国を富ますため農民に頼り、国を守るため兵士を頼りにしながら、一方で学問だけしてなんの功績もない者を尊ぶ。法を尊ぶ民衆を放置しながら、遊侠《ゆうきょう》の類を養っている。ふだん利益を与えている者は実際に働く者ではなく、実際に働く者はふだん利益を与えられていない。これは世が乱れる根源である。

民衆がみな政治を語り、商法や兵法の蔵書をしていても。

実際に行動する者がいなければ、それはなんの意味もない。

農耕を語っても耕さず、戦術を語っても戦う者がいないからだ。

苦労をせずに富が、勇気を奮わずに地位が手に入るなら、誰も見向きもしない。

だからこそ優れた君主は、実際に必要な行動を行った者にだけ恩賞を与えるのだ。

臣下が相手国から賄賂を受けて進言し、君主の盛衰と関係なく富み栄えることがある。

君主が国を失い滅亡するのは、弁論家のつまらない議論を聞くからだ。

その根本理由は、君主が臣下と君主の利益が背反であることを君主が知らず、言葉が事実に一致しているか調べず、結果の不一致も処罰しないからである。

他国を攻めるも、自国を守るも、自らが充実していなければ不可能である。

逆に、よく治まっている国は侵略することはできない。

よく治まるか否かは、内政のいかんにかかわり、自らどうするかである。

それをおざなりにして、外交ばかりに知恵を働かせていれば、よい治世は望めない。

国のために戦場に出て戦い、残した家族は困窮しても政治が構ってくれないならば、どうして人々は戦場に出ることができようか。

国の要人に賄賂を贈れば望みがかなえられるなら、どうしてやらずにおれるのか。

こうして、国家に必要な担い手はいなくなり、権力者に身を寄せる者が増えるのだ。

空理空論を振り回す学者、外国と手を結ぶ雄弁家、法律を重んじない暴力者。

賄賂を受け取る行政の高官、生活の基本物資を無視してぜいたく品ばかりを扱い儲ける商人。

これら5つの人種は、国を食い散らかす木食い虫のような存在である。

このような者たちを取り除かず、正直で真面目な人物を養成しないでいるならば、国は滅び、君主が権力を失う事例が世界中に出てきても、少しもおかしくはないのである。

おわりに　リーダーに自信を授ける『韓非子《かんぴし》』という叡知

韓非《かんぴ》を失ったことで滅んだ、巨大な秦《しん》帝国

紀元前210年、始皇帝《しこうてい》が死去します。
その翌年には、農民反乱の「陳勝《ちんしょう》・呉広《ごこう》の乱」が始まります。
大軍に膨れ上がった農民反乱軍を打破したのは、章邯《しょうかん》という秦の将軍でした。
章邯は農民反乱軍を打ち負かしながらも、項羽《こうう》との対峙では苦境に追い込まれます。
そのとき、章邯は秦帝国を裏切り、敵側の項羽に降伏してしまいます。
理由は、秦内部の政治腐敗でした。
宦官《かんがん》の趙高《ちょうこう》が、功績があっても、妬みと謀略で人々に罪をかぶせていたからです。
秦を守るため戦い続けた名将を、趙高の腐敗が追い詰めたのです。

『韓非子』で何度も警告された、歪んだ私欲の要人が跋扈《ばっこ》した結果です。

それが巨大な秦帝国を崩壊させ、名将・章邯に抗戦を断念させたのです。

韓非が生きて始皇帝に仕えていたら、このような悲劇は起こらなかったでしょう。

『韓非子』で語られた法と術。

2つが守られるとき、秦の強兵は死力を尽くして天下をとりました。

それらが失われて、不公平と腐敗が蔓延《まんえん》したとき、名将さえ戦いを拒否したのです。

革新を常に行い、人々を意義ある目標に導くこと

『韓非子』は冷酷な君主の書と言われます。

しかし、全巻を通して読むと、もう1つの側面に気づきます。

それは「新たな時代に合わせた革新」を何度も勧めていることです。

韓非が体験した、時代の大転換を反映しているのでしょう。

古い時代に通用した方法を、絶対不変と考えて、新しい時代にも適用を続ける愚かさがたびたび指摘されています。


古代から現代まで、リーダーは支配のために、一つの役割を果たす必要があります。

人々を意義ある目標に導き、全力で取り組ませて達成することです。

達成で利益が生まれて、人々が幸福を分かち合える目標であること。

意義ある目標を見抜く、創造する力が、新時代のリーダーには求められるのです。

大きな転換点にある今の日本でこそ、『韓非子』の叡知は輝きを増すのです。

『老子《ろうし》』と『韓非子』、真逆でありながら共通する思想

韓非は『老子』の解説を一部に書いており、彼がよく『老子』を読んでいたことがうかがえます。

俯瞰《ふかん》的な視点で見ると、真逆に思える『韓非子』と『老子』には類似点があります。

それは、「人間が不安定なものである」と考えている点です。

『老子』は、人間の不安定さをある種の深みと捉える要素があります。

道（タオ）に従う者、タオから離れる者がいることで、栄枯盛衰が起こると考えました。

一方、『韓非子』は人間が不安定で気まぐれ、すぐに脇道にそれて私欲を遂げようとするからこそ、法と術で人間を制御すれば、最強国家への統治術となると考えたのです。

韓非は、人間という存在をまさに〝人間的に〟捉えたからこそ、『老子』と真逆の冷徹さにたどり着いたのです。「優柔不断で私欲にまみれた者が多い」という現実を受け止めたからこそ、厳格な法による管理を訴えたのです。

人間の創造性と、支配による統制。どちらが勝つかは時代の局面で分かれます。

人間の本質や行動をあるがままに見たことが、２０００年を超える息吹を彼の著作『韓非子』に与えたのではないでしょうか。

２０１９年５月吉日　鈴木博毅

［参考文献］

『韓非子　第一冊』～『韓非子　第四冊』金谷治訳注　岩波文庫
『秦の始皇帝』籾山明著　白帝社
『熱狂する社員　企業競争力を決定するモチベーションの3要素』デビッド・シロタ著　英治出版
『経営は「実行」　明日から結果を出すための鉄則』ラリー・ボシディ著　日本経済新聞出版社
『ビジョナリー・カンパニー』ジム・コリンズ他著　日経BP社
『Think Simple アップルを生み出す熱狂的哲学』ケン・シーガル他著　NHK出版
『最高のリーダー、マネージャーがいつも考えているたったひとつのこと』マーカス・バッキンガム他著　日本経済新聞出版社
『「最高の上司」は嫌われる　最強の部下とチームをつくるリーダーの条件』マルクス・ヨッツオ他著　CCCメディアハウス
『伝説の人事部長が教える！「できる人」「できない人」を見抜く面接術』谷所健一郎著　KADOKAWA
『史上最強の人生戦略マニュアル』フィリップ・マグロー他著　きこ書房
『巨象も踊る』ルイス・V・ガースナー他著　日本経済新聞出版社
『世界の壁は高くない』鳩山玲人著　廣済堂出版
『なぜ、わかっていても実行できないのか』ジェフリー・フェファー他著　日本経済新聞出版社

鈴木博毅（すずき・ひろき）

1972年生まれ。慶應義塾大学総合政策学部卒。ビジネス戦略、組織論、マーケティングコンサルタント。MPS Consulting代表。日本的組織論の名著『失敗の本質』をわかりやすく現代ビジネスパーソン向けにエッセンス化した『「超」入門　失敗の本質』（ダイヤモンド社刊）はベストセラー。『実践版　孫子の兵法』（小社刊）は5万部を超えるロングセラーに。その他、著書多数。

人を自在に動かす
武器としての「韓非子」

2019年5月31日　第1刷発行

著　者　鈴木博毅

発行者　長坂嘉昭
発行所　株式会社プレジデント社
〒102-8641 東京都千代田区平河町2-16-1
平河町森タワー13階
http://www.president.co.jp/
電話　03-3237-3732（編集）
03-3237-3731（販売）

装　幀　水戸部 功
DTP　横内俊彦（ビジネスリンク）
編　集　桂木栄一　田所陽一
販　売　高橋徹　川井田美景　森田巌　末吉秀樹
制　作　関 結香
印刷・製本　凸版印刷株式会社

ISBN978-4-8334-2324-3

Printed in Japan